本书受河南省高等学校重点科研项目计划"发展视角下河南省经济增长质量评价及影响因素分析"（项目编号：17A790044）资助

李慧 著

中国经济增长质量
测度与实证

Study on the Measurement and Empirical Analysis of
China's Economic Growth Quality

社会科学文献出版社
SOCIAL SCIENCES ACADEMIC PRESS (CHINA)

摘　要

中国长期以来保持了高速的经济增长，顺利地跨越了贫困陷阱，实现了经济的起飞。然而，在高速增长的背后存在"唯GDP"倾向，强调经济增长的"量"，在不同程度上忽略了经济增长的"质"，出现了一系列发展不平衡的问题。中国目前进入了经济发展的"新常态"，可能面临落入中等收入陷阱的风险。因此，中国必须开始注重经济增长质量。

本书围绕"什么是经济增长质量"、"怎么测度经济增长质量"以及"如何提高经济增长质量"三个问题展开。

"什么是经济增长质量"是整个研究的基础与前提。从管理学意义的"质量"含义出发，经济增长质量就是"经济增长所固有的特性满足发展需要的程度"；从哲学"量变"和"质变"的角度出发，经济增长质量就是"经济增长这一量变过程中所蕴含的发展质变"。无论从哪方面意义出发，以发展的视角来考察经济增长质量是其本质要求。然而，现有的经济增长质量研究中，不论是狭义的经济增长质量，还是广义的经济增长质量，大多仍然是从量变的视角讨论经济增长本身的特

— 1 —

点，且事先没有从质量的本质含义出发去界定经济增长质量，将"增长"和"发展"、"手段"和"目标"、"存量"和"增量"三类视角混淆，以致在后续的经济增长质量测度和影响因素讨论中出现了问题。因此，有必要从发展的视角出发重新界定经济增长质量，这也是本书最重要的创新之处。本书将经济增长质量定义为经济增长过程中由经济增长带来的可行能力的提升，尝试解决现有研究中三类视角混淆的问题。

本书接下来讨论"怎么测度经济增长质量"。由于经济增长质量是经济增长过程中由经济增长带来的可行能力的提升，测度经济增长质量必然要在厘清经济增长与可行能力关系的基础上进行。根据 Sen 的理论，可行能力取决于个人所拥有的资源以及个人特征、社会条件和环境因素的相互影响。经济增长为微观个体提供了各种可用资源，比如提高人们的收入、提供基础设施和公共服务等，从而影响其可行能力。但是其作用则取决于经济增长的结构，比如投资消费结构、产业结构、收入初次分配结构、地区空间结构等，因为这些结构决定了经济增长所创造的资源在不同群体和不同部门间的分配。一方面，微观个体的可行能力构成了整个社会的可行能力；另一方面，从微观和宏观不同层面考察经济增长与可行能力之间关系时侧重点也会有所不同。因此，本书分别从微观和宏观两个层面提出了经济增长质量的分析框架，并对经济增长质量进行了测量和因素分解。这两部分内容同时也为讨论"如何提高经济增长质量"提供了理论基础。

考虑到可行能力是一个抽象的概念，不仅不能准确有效地直接衡量，而且与经济变量之间存在多层级的复杂关系，本书用结构方程模型将无法直接测量的潜变量纳入分析，利用该模型整合了验证式因子分析和路径分析两种方法的优势，以揭示各种经济变量与可行能力之间的复杂关系，解析经济增长过程中蕴含的发展特质（即经济增长质量）。模型估计采用 AMOS 软件，选用极大似然估计法（ML），考虑到样本的非正态性，同时运用 Bollen - Stine Bootstrap 对卡方值等模型适配度参数进行了修正，利用 Bootstrap 的方法估计了标准误及置信区间。

最后，本书提出了简化的能够更好地应用于实践的经济增长质量的测度方法，即用可行能力的差分作为经济增长质量的估计值；然后测算了 2000~2012 年中国 31 个省份的经济增长质量，并对其进行了空间和时间的比较分析，进一步验证了经济增长质量的影响因素。

本书研究主要有以下几点发现。

第一，教育对于提高个人的可行能力、促进个人发展具有非常重要的意义。微观层面，个人受教育年限是模型中对个体发展、提高可行能力贡献最大的因素；宏观层面，一个地区人们的受教育水平对于该地区个体发展呈现较强的正外部性。

第二，收入分配状况影响个人的发展，过大的收入差距有碍人们可行能力的提升。经济增长水平越高，收入分配恶化对发展产生的负向作用也越大。

第三，人均 GDP 仍然是促进可行能力提升的重要因素，但是它们之间呈现倒 U 形关系，这说明经济增长并不能总是产生积极的发展效应，过度追求 GDP 反而会偏离发展的根本目的，并不能提升人们的可行能力和生活质量。

第四，资本形成率有一个最优值，一旦经济体过度依赖投资拉动经济增长，超过这一临界值时，会有损经济增长质量。而目前中国的资本形成率已经远远超过这一临界值，这进一步证明了当前中国不能继续简单依靠投资来拉动经济增长。

第五，就产业结构而言，产业结构越合理，越有利于改善当地的收入分配格局，从而提升可行能力；产业结构越高级，越有利于提升人们的可行能力。

第六，劳动报酬占比与可行能力呈倒 U 形关系。中国仍处于工业化进程中，劳动报酬占比与可行能力之间仍然以负向关系居多。然而，当人均 GDP 水平较高、工业化进程基本完成之后，提高劳动报酬占比是有利于可行能力提升的，也就是说越公平的收入分配格局越有利于可行能力的提升。

第七，就空间而言，东部地区的经济增长质量指数要远高于中部和西部地区，而西部地区的经济增长质量指数最低。就时间而言，人均 GDP 对经济增长质量的贡献在 2008 年金融危机之后大幅下降，同时资本形成率对经济增长质量带来的负向作用却显著上升，这进一步说明了金融危机之后，原有的经济发展模式难以持续，如果仅关注 GDP 总量的话，将最终损害经济增长质量。

第八，就每年的经济增长质量和经济增长速度相对当年的平均水平变化而言，2000～2012 年的 31 个省份中，很少发生经济增长质量跃升至较高组别的现象，反而多数是经历了以经济增长质量换经济增长速度的演变路径，尤其是中部、西部发展水平较低的省份。这说明经济发展水平较低的省份往往有可能急于求成，只重速度，不重质量。

第九，经济增长质量是一个增量概念，与经济发展阶段没有关系，因此，经济发展处于较低阶段的地区也有可能获得较高的经济增长质量，而经济发展处于较高阶段的地区也有可能获得较低的经济增长质量。

第十，经济增长质量受经济增长水平和经济增长结构改善程度的影响，即经济增长水平和经济结构改善程度越高，越有利于提高经济增长质量。具体而言，城镇化率的提高、产业结构高级化程度的提升、产业结构与当地资源禀赋耦合程度的提高，都有助于经济增长质量的改善。而过度依赖投资，将会有损经济增长质量。当经济增长水平越高时，越需要注意初次分配的公平问题，因为劳动报酬占比的提高对经济增长质量的促进作用随着人均 GDP 水平的增加而增加。

关键词：经济增长质量；经济增长；可行能力；结构方程模型

Abstract

China has been maintaining a high economic growth, and successfully crossed the poverty trap and achieved economic takeoff. However, there exists a GDP-oriented tendency behind the rapid growth, which emphasizes the "quantity" of economic growth but ignores its "quality" in varying degrees, leading to a series of uneven development issues. China has stepped into a "new normal" of economic development, and may face the risk of middle-income trap. Therefore, we must begin to pay attention to the quality of economic growth.

This thesis focuses on three issues: what is the quality of economic growth, how to measure it and how to improve it.

"What is the quality of economic growth" is the foundation and prerequisite of the entire study. Referencing the definition of quality in Management, the quality of economic growth should be the level of which the inherent characteristics of economic growth meet the need of development. Referencing the definition of quantitative and qualitative change in philosophy, quality of economic growth should be the development qualitative change inherent in the process of economic growth. No matter which definition referenced, its essential requirement is to study the quality of economic growth from the perspective of development. However, in the current studies on the quality of economic growth, the qualities of economic growth both narrowly defined and broadly defined mostly continued to discuss the characteristics of economic growth from the perspective of quantitative change. And meanwhile, since the quality of economic growth was not defined in advance from the essential meaning of quality, three pairs of perspectives were confused: "growth" and "development", "means" and "target", and "stock" and "increment". Thus there appear a series of problems in the subsequent studies on measurement and factors analysis of economic growth quality. Therefore, it is necessary to redefine the quality of economic growth from the perspective of development, which is also the most important innovation of the thesis. The quality of economic growth in this thesis is defined as the improvement of capability brought about by economic growth during the growing process. It attempts to solve the confusion of the three pairs of perspectives existing in current researches.

The next step is how to measure the quality of economic growth. Due to the quality of economic growth is the improvement of capability brought about by economic growth, measuring economic growth quality is bound to be carried out on the basis of clarifying the relationship between economic growth and capability. According to Sen's theory, the range of capability depends on the resources possessed by the individual and impacts of personal characteristics, social conditions and environmental factors. Economic growth affects individual's capability by providing a variety of resources available to the microscopic individuals, such as the improvement of people's income, the provision of infrastructure and public services. Nonetheless, the size of the effect depends on the structure of economic growth, such as investment and consumption structure, industrial structure, the initial distribution of income structure, regional spatial structure, and so on, because these structures determine the allocation of resources created by economic growth among different groups and different sectors. On the one hand, the capability of the entire society, consists of microscopic individual's capability and on the other hand, the key points will differ when the relationship between economic growth and capability is examined separately form the micro and macro perspectives. Therefore, this thesis proposes two analytical frameworks of economic growth quality, separately from the micro and macro perspectives, then measures the quality of economic growth, and decompose its factors. Meanwhile, the two parts also provide a theoretical basis to the following discussion about how to improve the quality of economic growth.

Since capability is an abstract concept which can not only be directly measured accurately and effectively, but has multi-level complex relationships with economic variables, we adopt structural equation model to take latent variables which can't be measured directly into analysis. Since structural equation model integrates the advantages of confirmatory factor analysis and path analysis, we can use it to reveal the complex relationships between various economic variables and capability, and recognize development qualitative change—improvement of capability—inherent in the process of economic growth and this is the economic growth quality. The model is estimated by using AMOS software, with maximum likelihood estimation (ML). Taking into account the non-normality of samples, we modify the goodness of fit parameters, such as the value of chisquare, by using Bollen-Stine Bootstrap, and estimate the standard errors and confidence intervals by using the bootstrap method.

Finally, this thesis proposes a simplified method to measure economic growth quality, which can be better applied in practice. We take the difference of capability between two years as an estimate of economic growth quality. Then we measure the quality of economic growth in 31 provinces in China during 2000 ~ 2012, and make a comparative analysis, spatially and temporally, and further validate the factors of economic growth quality.

Key findings are as follows:

Firstly, education is of great significance to improve the individual's capability and development. At the micro level, the individual's education period has the most contribution to improve the capability in the model; at the macro level, the education level of the people around shows strong positive externalities for the individual development of the region.

Secondly, the income distribution affects individual development, and the large income gap is harmful to the capability. The higher GDP per capita, the larger the negative effect of worsening income distribution on development.

Thirdly, the GDP per capita is still an important factor in promoting capability, but there exists an inverted U-shaped relationship between them, which indicates that economic growth does not always produce positive development effects, and pursuing GDP excessively will make us deviate from the fundamental purpose of development and cannot improve capability and life quality.

Fourthly, capital formation rate has an optimal value. Once the economy is in over-reliance on investment and exceeds this critical value, it will be detrimental to the quality of economic growth. At present, China's capital formation rate has far exceeded this critical value; as a result, we cannot continue to simply rely on investment to stimulate economic growth.

Fifthly, as to industrial structure, the more reasonable the industrial structure is, the more conducive to improve the local income distribution and extend capability; the more advanced the industrial structure is, the more beneficial to improve capability.

Sixthly, there exists an inverted U-shaped relationship between the proportion of labor remuneration and capability. Since China is still on the way of industrialization, the relationship between the proportion of labor remuneration and capability is negative in most time. However, when the GDP per capita is higher and the process of industrialization is almost completed, increasing the proportion of labor remuneration is conducive to extend capability, that is to say, the more equitable the distribution of income is, the more beneficial to capability.

Seventhly, the economic growth quality index in east China is the highest and the lowest in west China. The contribution of per capita GDP to the quality of economic growth declined significantly after the 2008 financial crisis, while the negative effects of capital formation rate on the economic growth quality has increased dramatically. It indicates that the original pattern of economic development cannot be sustained especially after the 2008 financial crisis. If attention is paid only on GDP, it will ultimately undermine the quality of economic growth.

Eighthly, 31 provinces are divided into four groups according to the annual average economic growth rate and the annual average quality of economic growth. It rarely happened that a province jumped from a low quality group to a high quality group during 2000 ~ 2012. Instead, most of the provinces abandoned the quality of economic growth in order to obtain a high rate of economic growth, especially for those provinces with lower level of development in the central and western areas. It implies that provinces with lower level of economic development are prone to rushing, just paying attention to the speed instead of the quality.

Ninthly, the quality of economic growth is incremental and it has no relation to the stage of economic development. Therefore, the economy at the lower stage of economic development is also possible to obtain a higher quality of economic growth, while the economy at the higher stage of economic development may also receive a lower quality of economic growth.

Finally, the quality of economic growth is affected by the improvement of economic growth and economic structure, that is to say the more improvement of economic growth and economic structure, the more helpful to increase the quality of economic growth. Specifically, the increase of urbanization rate, the upgrade of industrial structure, the improvement of degree of coupling between industrial structure and local resource endowments structure, are all helpful to improve the quality of economic growth. Excessive reliance on investment will undermine the quality of economic growth. Since the positive effect of the increase of labor remuneration proportion on economic growth quality enhances as the GDP per capita increases, more attention should be paid to the fairness of initial distribution when the GDP per capita reaches a higher level.

Keywords: Quality of Economic Growth; Economic Growth; Capability; Structural Equation Model

目　录

CONTENTS

第一章
绪　论

第一节　研究背景和问题

　　1978 年改革开放以来，中国经济实现了多年的高速增长，创造了"中国奇迹"，中国由一个农业国转变为工业国，进入了中等收入国家的行列，成为世界第二大经济体、世界上第一制造业大国、第一货物贸易大国、最大的外汇储备国。1978 ~ 2018 年，中国年均增速达到 9.4%，2008 年之前年均增速超过 10%，为 10.3%，2008 年之后，年均增速略微下降，为 7.9%[①]。人均国内生产总值从 1978 年的 381 元，上涨到 2018 年的 64644 元[②]，人均国内生产总值增加了约 170 倍。第一产业占比由 1952 年的 50.5% 下降到 1978 年的 27.7%，再到 2018 年的 7.2%；第二产业占比由 1952 年的 20.8% 提高到

[①]　资料来源：中华人民共和国国家统计局。
[②]　资料来源：中华人民共和国国家统计局。

1978 年的 47.7%，然后下降到 2018 年的 40.7%；第三产业占比由 1952 年的 28.7% 下降到 1978 年的 24.6%，然后提高到 2018 年的 52.2%[①]，产业结构愈加现代化和合理化。

2008 年全球经济危机使中国经济增速有所下滑，中国经济增速由 2010 年 10.6% 的下降至 2018 年的 6.6%[②]。此次经济增速下滑究竟是周期性的下降还是潜在增长率的下降，众人曾经对此莫衷一是，但最终基本形成共识，中国经济已经开始进入了中高速增长的"新常态"。"新"在经济增速不断下滑的过程中已经明确，而"常"则还远未实现（贾康，2015）。过去高速发展过程中潜存的不平衡、不协调、不可持续的问题日益凸显，依靠要素投入优势、成本比较优势驱动经济发展的空间越来越小；经济禀赋、资源环境约束、国际环境等已经或正在发生变化，结构性矛盾、体制性矛盾和各种社会矛盾日趋复杂和增多。传统经济增长模式难以为继，新的动力尚未形成，改革进入攻坚阶段，艰巨性、复杂性和纵深性在不断加强，中国经济难以实现像以前那种高速的增长。因此，原来被高速经济增长所掩盖的一系列问题将会更加凸显，经济发展会面临一系列新的风险和挑战。

增长并不必然导致发展，正如 Amartya Sen（书中简称 Sen）所说：不是所有经济高增长的国家和地区都成功地将对物质资料扩大的需求转化成了广大人民生活水平相应的提高，事实上，有些高发展国家和地区过去数十年的发展经验类似某

---

① 资料来源：中华人民共和国国家统计局。
② 资料来源：中华人民共和国国家统计局。

种"无目标的富裕"，经济的高增长伴随持续的普遍贫困、文盲、不健康、童工、暴力犯罪和相关的社会问题（阿马蒂亚·森、让·德雷兹，2006）。过去几十年的高速经济增长，中国人民的生活发生了翻天覆地的变化，但是不可回避的是，与经济快速增长相伴的是日益扩大的收入差距和愈发严峻的发展不平衡等问题。联合国开发计划署《人类发展报告（2013）》指出，2012 年，中国人类发展指数排名低于人均国民收入排名，两者相差 11 位①，说明中国的经济增长并没有切实地转化为人类发展成果。经过不平等因素调整之后，中国的人类发展指数损失了 22.4%②，说明中国的不平等状况在很大的程度上侵蚀了社会整体的福利。2017 年 10 月，习近平总书记在十九大报告中指出："中国特色社会主义进入新时代，我国社会主要矛盾已经转化为人民日益增长的美好生活需要和不平衡不充分的发展之间的矛盾……更加突出的问题是发展不平衡不充分，这已经成为满足人民日益增长的美好生活需要的主要制约因素……我们要在继续推动发展的基础上，着力解决好发展不平衡不充分问题，大力提升发展质量和效益，更好满足人民在经济、政治、文化、社会、生态等方面日益增长的需要，更好推动人的全面发展、社会全面进步。"

中国经济增长已经在"量"上取得了巨大进步，到了应该关注"质"的时候。

近年来，随着中国经济社会发展过程中各种矛盾的出现，

---

① 资料来源：《2013 年人类发展报告》。
② 资料来源：《2013 年人类发展报告》。

学术界、社会和政府部门开始反思中国的经济发展方式，愈来愈关注经济增长质量。2011 年的夏季达沃斯论坛将主题定为"关注增长质量，掌控经济格局"。2012 年 12 月的中央经济工作会议和 2013 年的"两会"报告也明确强调以"提高经济增长质量和效益"为中心。2014 年的中央经济工作会议继续强调"坚持稳中求进工作总基调，坚持以提高经济发展质量和效益为中心"。2015 年和 2016 年的中央经济工作会议强调"要朝着更高质量、更有效率、更加公平、更可持续的方向发展"。2017 年十九大报告中，习近平总书记更是指出"我国经济已由高速增长阶段转向高质量发展阶段，正处在转变发展方式、优化经济结构、转换增长动力的攻关期，建设现代化经济体系是跨越关口的迫切要求和我国发展的战略目标。必须坚持质量第一、效益优先，以供给侧结构性改革为主线，推动经济发展质量变革、效率变革、动力变革……"

在学术研究方面，中国知网检测结果显示，主题为"经济增长质量"的发文数量自 1985 年起截至 2019 年 6 月共计 2122 篇，除 1995 年和 1996 年之外，2012 年之前每年发文数量平均约为 50 篇，1995 年之前每年不足 10 篇，但自 2012 年开始每年发文数量都在 100 篇以上[①]。这说明近年来学者从关注经济增长开始更多地关注增长质量。

无论是在哲学意义上，还是在发展经济学的意义上，经济增长是一种量变，经济发展则是以经济增长为基础的质变。因此，真正称得上经济增长质量的东西，应该是经济增长这种量

---

① 资料来源：中国知网检测结果，主题词为"经济增长质量"。

变过程中所蕴含的"质"及其"部分质变"（叶初升，2014）。近年来，虽然学术界越来越关注经济增长质量，但在现有研究文献中，经济增长质量要么被狭义地理解为增长效率或全要素生产率，要么被看作增长稳定性（波动）、增长持续性（资源环境代价），大多仍然是在"量"的范畴中思考增长问题，所研究的仍然是经济增长本身的量变特征（只不过是与增长率、增长速度稍有不同的量变特征），而并非经济增长所蕴含的质变。

所以，究竟如何定义经济增长质量，哪些因素影响了经济增长质量仍然值得继续探讨。本书从发展理念出发，考察经济增长过程中表现出来的"质量"或"部分质变"，并以此反思、分析和评价经济增长过程。这是本书区别于研究经济增长质量其他文献的一个重要特征。

第二节　研究意义

1. 理论意义

第一，本书是探索经济增长理论和经济发展理论之间关系的一种尝试。经济增长是发展的必要准备，发展是经济增长的预期目标。从哲学意义来看，经济增长是量变，发展是质变，而经济增长质量就是蕴含在经济增长这一量变过程中的发展质变。如果将经济增长和发展分别比喻为一杯水的液态和气态两种状态，那么经济增长质量就是这杯水在加热的过程中由液态转换为气态的比例或者程度。经济增长质量越高，同样的经济增长会越快地实现发展的预期目标。经济增长质量可以说是连接经济增长和发展的桥梁。在现有的研究中，究竟如何通过增长来实现发展，相对而言依然知之甚少。因此，在发展的视角下研究经济增长过程所蕴含的"质"及"质的提升"，实际是研究经济增长和发展目标之间联系的尝试，是研究经济增长理论和经济发展理论之间联系的探索。

第二，本书对现有经济增长质量的研究有所补充。现有的经济增长质量研究文献，首先是没有明确定义经济增长质量的内涵，这使得在后续评价经济增长绩效或者研究经济增长质量的影响因素时都存在一定模糊性和不确定性，即讨论问题时的具体指向不明。其次是研究视角不清晰，现有研究将几种视角混杂在一起，比如将增长的视角和发展的视角相混淆，将手段和目标相混淆，将存量和增量相混淆。经济增长质量的内涵是相关研究的基础，经济增长质量内涵的不清晰势必将影响经济增长质量的其他研究。本书从发展的视角出发，更具体地从发展的目标出发去考察经济增长过程，由此定义的经济增长质量将有效避免现有研究中出现的问题。

2. 现实意义

首先，本书对于认识中国经济现实和反思中国经济实践具有重要意义。中国当前的社会主要矛盾已经发生了变化，经济也由高速增长阶段转变为高质量发展阶段，依靠要素投入优势、成本比较优势驱动经济发展的空间越来越小，改革的艰巨性、复杂性和纵深性在不断加强。中国经济增长已经在"量"上取得了巨大进步，到了应该关注"质"的时候。那么，中国当前的经济增长质量究竟如何？是在改善还是在恶化？存在哪些问题？研究中国经济增长质量有利于反思过去的经济增长模式，从而为新时期的经济增长提供借鉴，进而避免中国陷入"中等收入陷阱"。另外，提高经济增长质量是转变经济发展方式、实现和谐社会的必由之路，因此研究经济增长质量具有现实意义。

其次，本书为认识现实经济状况提供新的视角和工具，界定经济增长质量的含义、实现经济增长质量的度量、识别经济增长质量的影响因素，其实是为反思和评价经济增长绩效提供了一种新的视角和工具，因此可以为政府制定经济发展方案提供服务。

第三节　研究内容、基本思路和框架

一　研究的主要内容

1. 经济增长质量的内涵

这是本书研究的逻辑基础和出发点。要构建衡量经济增长质量的方法、测度中国经济增长质量的现状、分析影响经济增长质量的因素，首先需要界定清楚什么是经济增长质量。上文提到，真正称得上经济增长质量的应该是经济增长过程中所蕴含的发展质变。那么要研究经济增长质量，就要首先明确什么是发展。无论采取什么样的发展机制、导致什么样的宏观社会经济结构变迁，归根到底，发展的终极目标是提高生活质量、提高人民构建自己未来的能力（Sen，1987；Thomas，2000）。

这一部分的主要任务：①论证为什么从发展的角度研究经

济增长质量；②在梳理现有关于发展内涵（这里主要指生活质量或者说福利水平）的相关理论的基础上，借鉴 Sen 的可行能力理论，提出经济增长质量的具体内涵——经济增长过程中由经济增长带来的可行能力的提升。

2. 从微观视角出发的经济增长质量的测度

经济增长质量的度量水平决定了第一部分提出的经济增长质量的概念及其分析框架能否成功地运用于实证检验，能否成为一种切实可用的分析工具。经济增长质量就是经济增长过程中由经济增长带来的可行能力的提升，它的本质强调的其实是经济发展当"以人为本"。社会正是由无数个微观个体所构成的，既然是"以人为本"，那么就应该从微观个体出发，了解其所处的经济、社会环境是如何影响个人可行能力的，以此从中甄别出经济增长带来的提升。

这一部分的主要任务：①基于前一部分提出的经济增长质量的内涵，在厘清经济增长与可行能力关系的基础上，提出符合中国现实且具有实际可操作性的经济增长质量的测度方法；②运用于实证分析，以检验该测度方法的可行性。

经济增长质量具体来说即经济增长过程中可行能力的提升，因此，测度经济增长质量时包括两个关键问题，一是如何度量可行能力，二是如何甄别出由增长所带来的可行能力的提升部分。可行能力是一个抽象的概念，并且与经济增长等变量间存在着多层级的复杂关系，传统的计量分析方法可能无法满足同时度量抽象概念以及分析不同变量之间关系的需要，从而无法最终甄别出由增长带来的可行能力的提升部分，因此如何度量这种抽象概念的同时分析变量间的复杂关系是这一部分的关键点也是难点。

本书主要采用结构方程模型（Structural Equation Modeling, SEM），将无法直接测量的变量（即潜变量）纳入分析，以刻画抽象的可行能力，并利用该模型整合了验证式因子分析和路径分析两种方法的优势，揭示了各种经济变量与可行能力之间复杂的多层次因果关系，解析了经济增长过程中蕴含的发展特质（可行能力之扩展）。

3. 从宏观视角出发的经济增长质量的测度及其分解

这一部分主要是从宏观视角讨论经济增长质量的分析框架及其测量方式。经济增长质量毕竟是一个宏观概念，有必要从宏观视角探讨经济增长质量的分析框架及其测度方法。另外，从微观和宏观两个层面考察经济增长和可行能力之间的关系时，侧重点也有所不同。虽然仍是基于可行能力理论，但是宏观视角和微观视角毕竟有所差异，因此，这一部分需要重新调整经济增长和可行能力之间关系的模型。经济增长质量是经济增长过程中由经济增长带来的可行能力的提升，而每一单位经济增长带来的可行能力提升的程度取决于经济增长的特点，比如经济增长水平、经济增长结构等，因此在上一部分提出的经济增长质量的测度方法的基础上，本书进一步对经济增长质量进行分解，将有助于找到影响经济增长质量的因素，进而为政策制定提供依据。

这一部分的主要任务：①从宏观视角出发，建立经济增长和可行能力之间的关系模型；②寻找影响经济增长质量的主要因素，讨论这些因素对经济增长质量的影响机制；③运用中国区域经济增长的宏观数据对经济增长质量进行分解，比较不同影响因素对经济增长质量作用的大小；④考察中国不同发展阶段这些影响因素作用的变化趋势。

本部分拟突破的关键点是经济增长质量分解的实证分析。一方面是经济增长质量的抽象性、多维性，另一方面是经济增长水平、经济增长结构等变量彼此之间相互影响的复杂关系，这使得传统的计量经济分析手段可能难以满足实证分析的需求。

本部分主要采用结构方程模型，将无法直接测量的变量纳入分析，以刻画抽象的可行能力，并利用该模型整合了验证式因子分析和路径分析两种方法的优势，揭示了各种经济变量之间、可行能力之间复杂的多层次因果关系，进而识别出不同影响因素所带来的可行能力的提升。

4. 经济增长质量的空间和时间的比较分析，以及经济增长质量的影响因素探讨

前面的研究内容提供了理论基础和相关的技术支持，这一部分内容则主要是将上述提到的理论及方法运用于实践。本书对我国 31 个省份在 1999～2012 年的经济表现进行了评价，对比分析了它们的经济增长质量，并从中归纳出影响经济增长质量的因素。

二　研究思路和章节安排

本书首先通过对现实的经济问题的梳理和相关的文献研究，初步理解了究竟什么是经济增长质量，为什么要研究经济增长质量。其次在现有文献研究的基础上，找到了本书的突破口和可以改进的地方，为后面的研究做好理论准备。这是本书前两章要解决的问题。

经济增长质量的研究，最基本的问题应该包括三个。①什么是经济增长质量？②如何测量经济增长质量？③怎样提高经济增长质量？本书就是围绕这三个问题展开的。

首先，什么是经济增长质量，即经济增长质量的内涵，这是后面两个问题的基础。因此，本书首先要论证的就是从什么样的视角研究经济增长质量，经济增长质量的内涵是什么。这是本书第三章要解决的问题。

其次，经济增长质量应该如何测量。由于本书提出的经济增长质量是经济增长过程中的发展质变，即可行能力的提升，因此，要测量经济增长质量，需明确经济增长和可行能力之间的关系。而考察可行能力，既可以从微观层面分析，也可以从宏观层面分析，并且两者必然会有所差别。本书先从微观的视角提出经济增长质量的分析框架和测量方法，这是本书第四章要解决的问题；然后是从宏观视角提出经济增长质量的分析框架和测量方法，并进一步分析经济增长质量的组成部分，以为后面研究经济增长质量影响因素做准备，这是本书第五章要解决的问题。

最后，如何提高经济增长质量。本书将利用前面两章提到的理论和模型对各个省份的经济增长质量进行度量，然后对它们进行比较分析，找出经济增长质量变化原因，进而归纳出提高经济增长质量的方法。这是本书第六章要解决的问题。

本书的最后一章，即第七章，是结论和政策建议部分（见图 1 –1）。

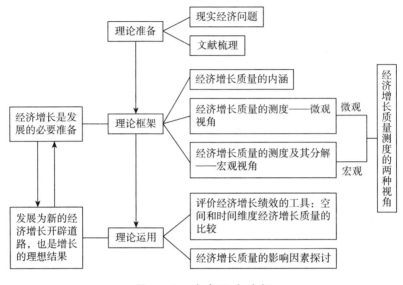

图 1 – 1　本书研究路径

第四节　本书的特色和可能的创新之处

一　研究视角的新颖

首先，本书从发展的视角出发考察经济增长质量，抓住经济增长质量的本质。从管理学中的"质量"含义来看，经济增长质量应该是经济增长所固有的特性满足发展需要的程度；从哲学"量变"和"质变"的含义出发，经济增长质量是经济增长过程中所蕴含的发展质变。发展就是结构和制度的改变，社会和文化系统的动态演进，或者发展就是生活质量的提高，人类发展的改善。现有经济增长质量研究，大多关注的是经济增长的效率、经济增长的稳定性等经济增长本身的特点，仍然是在"量变"的范式下研究问题，没有抓住经济增长质量的本质。本书以发展界定经济增长质量，以可行能力刻画发展，能够较好反映经济增长质量的本质。

其次，本书以发展目标的实现程度反观经济增长过程，有效区分"手段"和"目标"。现有经济增长质量研究中，有部分研究试图将结构和制度的演进、人们生活质量等发展方面的内容包含在经济增长质量的评价指标体系中，然而这些研究中经济增长质量的内涵过度扩大化，把影响经济增长质量的因素等同于经济增长质量的内涵，出现了用组成要素解释自身的错误。本书从发展的目标而非发展的过程考察经济增长质量，区分了"手段"和"目标"，能够有效避免上述错误，增强了经济增长质量指数的实用性。

再次，本书以"增量"而非"存量"界定经济增长质量，区别于对发展阶段的评价。无论是管理学角度还是哲学角度，"质量"描述的都是一种程度（增量）而非状态（存量）。现有研究的评价指标体系中，大多采用的都是存量指标，是对状态的描述，或者说对所处发展水平的描述。本书以经济增长过程中可行能力的提升（即增量），对该阶段经济增长所取得的成果进行了评价，更好地抓住了经济增长质量的本质。也就是说，经济增长质量越高，对于既定的发展目标而言，实现的速度也会更快。

最后，本书从微观和宏观两个层面讨论经济增长质量的分析框架。本书定义的经济增长质量，本质是以人的发展为核心，从微观层面讨论经济增长质量的分析框架，便于更详细了解各种影响人们可行能力的因素。社会最终是由微观个体所构成的，因此，尽管经济增长质量是宏观概念，而可行能力最早提出是对个人福利状态的评价，但并不影响本书用于宏观经济增长质量的分析。另外，由于微观层面和宏观层面关注的重点会有所不同，因此有必要从两个层面对经济增长质量的分析框架进行讨论。而现有的经济增长质量研究都是从宏观视角出发的，因此从微观和宏观两个层面讨论经济增长质量也是本书区别于现有研究的地方。

二　研究方法的独特

在本书的模型中，由于无法观测到个人所有可能实现的潜在的功能性活动，也就无法观测到可行能力，因而很难找到有效的变量对可行能力进行直接的衡量。一般常用的计量分析方法在进行实证分析时会面临较大的困难，只能通过可观测到的各种功能性活动来间接地衡量可行能力。在相关研究中，一些研究者通常采用主成分分析法或因子分析法处理多维度的变量，将各个维度的可观测变量综合成一个指数来表示那些不能直接观测到的变量。主成分分析法是利用这些观测变量的一个线性组合来衡量这些观测变量所包含的变异信息，是一种有效的数据降维手段，然而它缺少潜在的解释模型。因子分析法是将观测变量看作潜变量（不可观测的变量）的函数，在此基础上估计出潜变量的因子得分作为潜变量的值。相比于主成分分析法，因子分析法虽然有了模型解释，但不能同时考察那些潜变量的影响因素。

本书运用结构方程模型，将可行能力表示为潜变量。结构方程模型结合了验证式因子分析和路径分析两种分析方法，不仅便于衡量可行能力，而且便于分析经济增长等因素与可行能力之间的关系，进而为本书从可行能力视角评价经济增长质量提供了有效工具。由于对经济增长质量的定义不同，现有研究不需要同时进行抽象变量的衡量（即将多个指标合成一个指数）以及影响因素的分析，因此鲜有研究采用结构方程模型的方法。

第二章
文献综述

"经济增长"是经济学理论中一个规范的概念，大家对它的含义有着共同的认识，在主流的经济学理论中有一套完整的理论体系来解释经济增长的源泉、波动的原因等。相比之下，"经济增长质量"更多的是一种"仁者见仁，智者见智"的问题，是对经济增长政策的反思。目前为止，国内外研究中对于"经济增长质量"的内涵、理论分析的框架并没有形成共识，尤其是国外对经济增长质量的研究更是少之又少，国内关于经济增长质量的研究也是近年来才丰富起来的，虽然从数量而言要远多于国外的研究，但是相对完整、成体系的研究则非常少。因此，为了对经济增长质量的研究现状有一个相对比较全面的认识，本章在简单介绍国外的研究之后，将从经济增长质量的内涵、经济增长质量的测度方法以及经济增长质量的影响因素等几个方面重点介绍国内的研究。

苏联经济学家卡马耶夫在《经济增长的速度和质量》一书中提醒人们不要过分追求经济增长的速度和数量，而应关注经济增长的质量。他认为，经济增长质量区别于经济增长概念中生产资源和生产量的增加，而应包括"产品质量的提高，生产资料效率的提高以及消费品消费效果的增长"（卡马耶夫，1983）。1996 年的《人类发展报告》中指出，在经济增长之外，应该关注人的发展，关注增长的质量，并指出了 5 种有增长无发展的情况，即无工作的增长、无声的增长、无情的增长、无根的增长和无未来的增长。托马斯在《增长的质量》一书中这样说："影响发展结局的是增长进程的质量而不仅仅是其速度——正如影响人类健康和预期寿命的是饮食质量，而不仅仅是食品数量一样。"他认为经济增长质量是增长速度的补充，是构成经济增长过程关键的内容，比如机会的分配、环境的可持续性等。他认为发展中国家和工业国为了提高经济增长质量，在经济增长过程中应该遵循以下原则：①关注所有种类的资产，包括有形资产、人力资本和自然资本；②要时刻注意分配方面的问题；③重视良好治理的机构性框架（托马斯，2001）。Barro 研究了经济增长（人均 GDP 增长率）以外的社会、政治、制度等方面的问题，比如健康、生育、收入分配、政治制度、犯罪和宗教，这些方面的因素对经济增长有着重要作用，同时自身也是经济发展演进过程中的一部分，它们的改善被认为是经济增长速度之外的质量部分（Barro，2002）。国际货币基金组织和世界银行指出发展是一种特殊的经济增长，即高质量增长（high - quality growth）。这种增长是一种可持续的增长，能够带来持续的就业增加、生活水平的提高和贫困的减少，能够提升更大范围的公平和机会的平等（Tridico，2011）。

国外的相关研究对经济增长质量也没有给出明确的定义，

只是强调了应该关注经济增长速度之外的其他方面。早期的研究可能大多是从效率方面来考察经济增长质量，而后来的研究则慢慢地更倾向于从更广阔的方面考察经济增长质量，比如社会、环境、人的发展等。

虽然国内关于经济增长质量相对成熟又比较成体系的研究并不多，但是为了尽可能全面了解目前国内对经济增长质量的研究现状，接下来本章将尽可能地梳理各方面的相关文献。

第一节　经济增长质量的内涵

经济增长质量的内涵是经济增长质量相关研究的基础。根据经济增长质量内涵的广度，目前对于经济增长质量内涵的定义大致可以分为两类，一类是狭义的经济增长质量，一类是广义的经济增长质量（钞小静、惠康，2009）。或者说前者是从单一维度评价经济增长质量，后者是从多个维度综合评价经济增长质量。

一　狭义的经济增长质量

狭义的经济增长质量，主要是指从投入产出的角度来考虑，以经济增长的效率作为经济增长质量的衡量标准（钞小静、惠康，2009）。也就是说，好的经济增长质量就是以较少的投入获得更多的产出。这种定义基本上不涉及规范的价值判断问题。

用经济增长效率衡量经济增长质量的研究，大致又可以分为两类，一类是直接的投入产出比，另一类则是以全要素生产率衡量经济增长效率。

沈利生等从投入产出的角度考察经济增长质量，具体指标为"增加值率"，即增加值占总投入的比例，表示单位总投入中包含的新创造的价值。他认为"增加值率"是从宏观上衡量一个经济体投入产出效率的综合指标（沈利生、王恒，2006；沈利生，2009）。沈坤荣、傅元海认为投入产出率是衡量经济增长质量的重要指标之一。因此，他们将经济增长质量界定为投入产出率，具体则以增加值与中间投入之比来衡量。前后两种定义的区别仅仅在于一个是增加值占总投入的比例，另一个是增加值占中间投入的比例。2012 年 11 月，国务院正式印发《工业转型升级规划（2011～2015 年）》，提出采用"工业增加值率"监测工业质量效益，于是，一些研究又继续以"增加值率"来衡量经济增长质量，比如范金等的研究。但是，范金等在另一篇文章中专门讨论了增加值率能否衡量经济增长质量的问题，他指出：增加值率存在一个门槛上限，该门槛上限与资本折旧率、人口增长率和储蓄率等宏观经济指标相关，当增加值率低于该门槛值时，增加值率越高表示经济增长质量越好，高于该门槛值时则相反，所以采用增加值率衡量经济增长质量需要考虑门槛上限。

全要素生产率是国内外经济学家从投入产出效率角度考察经济增长质量的主要指标。虽然全要素生产率有很多具体的估计方式或定义方式，但是其本质就是实际产出与潜在产出的差。

目前研究中采用较多的全要素生产率主要是考察在资本、

劳动力等要素投入约束下的经济增长效率。殷德生、范剑勇（2013）认为提高经济增长质量，就是要实现由依靠资源消耗的粗放型的经济增长向依靠技术进步、生产率提高的集约式的经济增长转变，因此，全要素生产率是衡量经济增长质量的核心指标。黄志基、贺灿飞（2013）认为，全要素生产率是衡量单位总投入带来的总产出的生产率指标，它反映了资本、劳动力等投入要素以外其他各种因素对经济增长的影响，比如技术进步、结构演化等，因此全要素生产率是考察一个经济体经济增长质量的重要指标。刘文革等（2014）将经济增长质量界定为全要素生产率，并用数据包络的方法测度了各省份的经济增长质量。高艳红等（2015）认为经济增长质量就是假定技术不完全有效时的实际的经济产出与假定技术完全有效时的最优经济产出之间的偏离程度。在她的随机面板模型中，她只考虑资本、劳动力和人力资本的要素投入，而没有考虑其他的约束条件。早期还有很多研究是关于全要素生产率的，比如王志刚等（2006），郭庆旺、贾俊雪（2005），这些研究虽然没有直接提出经济增长质量就是全要素生产率，然而他们的本质思想仍然是用全要素生产率来考察经济增长速度之外的经济增长质量的问题。

近年来，随着环境问题、经济结构问题、收入分配问题等越来越受到人们的重视，不少研究将这些因素作为负的产出或者约束条件加入模型中计算经济效率，以考察这些因素对经济增长质量的影响。何强（2014）将经济增长质量界定为在一定生产要素禀赋和资源环境、收入结构、经济结构等约束下的经济生产效率，然后利用随机边界异质面板模型，分析了全国和各个省份的经济增长质量情况。其中，资源环境约束主要考察的是工业废水、废气、固体废弃物的排放以及能源消耗情况，收入结构约束考察的则主要是城乡收入的差距，经济结构约束主要考察的是以信息化发展指数衡量的产业结构高级化的程度。黄清煌、高明（2016）将经济增长质量定义为考虑了能源消耗和环境污染后的全要素生产率，然后利用方向性距离函数（SBM - DDF）对全要素生产率进行了测度。

虽然国内外大量研究都是用全要素生产率来界定经济增长质量，但是这样做也存在一些问题。郑玉歆（2007）认为全要素生产率难以反映投资的质量以及资源配置的有效性等，因此仅用全要素生产率对经济增长贡献的程度来反映经济增长质量并不全面。陈长江、高波（2010）认为全要素生产率是基于成熟市场经济条件下得到的，不适用于后发国家的经济增长质量评价。因为全要素生产率只能衡量非体现式的技术进步，而新兴国家的技术进步则体现在资本中（Chen，1997）。后发国家在技术达到国际前沿之前，都可以进行模仿与学习，而这种为了模仿与学习以获得技术进步的资本积累是后发国家不可逾越的一个阶段，因此全要素生产率会低估后发国家的经济增长质量（陈长江、高波，2010）。

经济效率本质上只是经济增长在速度之外的一种补充而已，它只是体现了经济体对资源的利用效率，既无法体现经济增长的稳定性、持续性等，也无法体现经济增长的结构变化、成果分配等。因此，严格来说经济增长效率并不能称为经济增长过程中的质变，即经济增长质量，它仅仅是从量变的视角出发的，是对经济增长速度之外的一种补充。另外，哪怕就经济增长的自身特征而言，除了投入产出效率之外，还有稳定性、持续性等影响要素，因此这一类研究对经济增长质量的定义似乎过于狭隘。

二 广义的经济增长质量

广义的经济增长质量，并非从某个单一的特性来定义经济增长质量，而是应具有丰富的内涵，从多个方面来评价。广义的经济增长质量由于外延过于丰富，学者们通常不能给出经济增长质量的确切定义，而是通过建立指标体系来表明其所认为的经济增长质量应该包含的维度。

任保平（2013）认为 GDP 衡量的是经济增长数量，追求的是物质增长的速度，而经济增长质量追求的是经济增长的后果和前景，经济增长的后果和前景必然涉及多个方面，这就使得用单一的指标去衡量经济增长质量是不现实的。

广义的经济增长质量根据其所基于的理论，大致又可以划分为两类。其中，第一类主要是从经济发展应该具有的某种特点，或者说从某种发展理念出发（如循环经济），提出经济增长质量应包含的维度。第二类则是从经济增长各个方面，全面考察经济增长质量，并不基于某一特定的发展理念。

第一类广义的经济增长质量研究中，比较具有代表性的就是基于循环经济理念和包容增长理念的研究。刘有章等（2011）利用循环经济发展理论的"3R"准则，系统考虑了环境资源有效利用与保护、自然资源的循环利用，以及经济增长的可持续性多指标，建立了一套衡量经济增长质量的体系，包括"减量化"、"再利用"、"再循环"和"经济发展"共四个模块。于敏、王小林（2012）从包容增长的理念出发，建立了一套包括"经济增长的可持续性"、"降低贫困与收入不平等"、"参与经济机会的公平性"和"获得基础社会保障"四个维度的指标体系，用以测量经济增长的包容性。文建东等（2012）同样是基于包容增长的理念，建立了一套包括"制度"、"增长"和"经济成果的分享"三个模块的经济增长质量指标体系，用以评价县域经济体的经济增长质量。这一类研究虽然是从多个维度构建综合指数来评价经济增长质量，但是主要侧重经济增长的某方面特性，比如可持续性（资源利用层面的）、包容性。

第二类广义经济增长质量的研究，并不基于某种理论，而是直接给出学者所认为的经济增长质量应该包含的维度，相对第一类研究而言，这类研究考察更为全面。在这一类研究中，根据其定义的经济增长质量维度中是否包含人的发展或者说人们对于经济成果的分享，又可以将其细分为两类。

赵英才等（2006）认为经济增长质量分别体现了经济增长的投入产出效率、最终产品和服务的质量、环境和生存质量，因此他们从产出消耗、产出效率、产品质量、生存环境质量和经济运行质量五个方面构建了评价经济增长质量的指标体系。刘海英、张纯洪（2006）认为应该从投入产出效率、资源消耗、经济增长成本和环境保护几个方面评价经济增长质量。刘宇（2008）认为好的经济增长质量应该是：经济增长是平稳的，产业结构是不断升级的，技术是不断进步的。马轶群、史安娜（2012）没有建立一个综合的经济增长质量指数，而是从经济增长的方式、经济增长的过程（分解为协调性、稳定性和持续性）和经济增长的结果三个方面评价经济增长质量，并建立了五个相应的经济增长质量指数。其中经济增长方式指的是要素利用效率和能源消耗水平，经济增长结果指的是人均GDP。随洪光（2013a，2013b）认为高质量的增长就是经济增长在高效率的情况下仍然具有稳定性和可持续性，因此他从效率、稳定性和可持续性三个方面来评价地区的经济增长质量。随洪光、刘廷华（2014）认为经济增长质量包括经济增长的效率、经济增长的稳定性和经济增长的持续性。李萍、冯梦黎（2016）认为经济增长质量彰显的是依靠提高要素的质量或利用效率来增加产出，所以他们从经济增长水平质量（产出水平）、经济增长过程质量（稳定性、协调性和持续性）、经济增长方式质量（要素利用效率）三个方面构建了经济增长质量指标体系。

上述这些经济增长质量研究虽然超出了投入产出效率这一单一的维度，但主要强调的仍然是经济增长过程本身的一些特点，比如经济增长的稳定性、协调性、资源消耗情况等，并未突破"量变"这一框架。

本书之所以讨论经济增长质量这一问题，其本质是在追问我们要的是什么样的经济增长，进一步就是要回答经济增长是为了什么。如亚里士多德所说，财富"只是有用，而且是因为其他事物而有用"，同样经济增长本身不能理所当然地被看作目标，发展才是我们的目标（阿马蒂亚·森，2013）。因此，讨论经济增长质量，必然离不开对经济增长要实现的目标的讨论。

西北大学的任保平教授及其团队在经济增长质量方面做了

大量研究，在广义经济增长质量研究中，可以说是最具有系统性和代表性的。钞小静、惠康（2009）指出经济增长质量主要是在深入探讨经济增长的内在规律和属性，它与经济发展不同，应该是与经济增长密切相关的，而且是经济方面的内容。他们认为经济增长质量主要包含经济增长的过程和经济增长的结果两个方面的内容。经济增长过程的主要内容是经济增长的波动和经济增长的结构；而经济增长结果的主要内容则是经济增长的福利变化及其分配，以及生态环境问题和资源利用情况。钞小静、任保平（2011）沿用钞小静、惠康（2009）对经济增长质量外延的界定，从经济增长的稳定性、经济增长的结构、资源利用和生态环境、经济增长的福利变化及其分配四个维度对全国各个省份的经济增长质量进行了测度。魏婕、任保平（2012）在上述研究的基础上，将经济增长效率和国民经济素质两个维度加入经济增长质量指标体系中，从而将经济增长质量评价维度由 4 个扩展到 6 个。另外，钞小静、任保平（2014）又将经济增长质量重新归纳为经济增长的条件（国民经济素质的基本状况）、经济增长的过程（经济增长结构）以及经济增长的结果（经济增长的有效性以及社会福利改善）三个层次，从而涵盖了经济增长从开始到结果的整个过程。任保平（2013），钞小静、任保平（2014）指出经济增长质量的主要目标是实现经济增长的有效性，而其核心则是人的发展，也就是说经济增长质量关注的核心目标应该是人的发展。基于这样一种视角，魏婕、任保平（2011）从人的福利、人的保障、人的素质和人的迁移四个方面构建了指标体系，测度并评价了我国改革开放以后人的发展状况。任保平、魏语谦（2017）进一步指出经济增长质量是一个国家或地区的经济增长在量上积累到一定程度之后，生产更有效率、经济结构更加协调、经济运行更为稳定、福利分配得到改善，从而该区域长期保持全面而持续的增长状态。所以他们认为可从经济增长的效率、经济增长的协调性、经济增长的稳定性、经济增长的共享性、经济增长的素质（指开发和利用各种资源创造财富的基本条件和能力）五个方面衡量经济增长向质量型转变的绩效。

李永友（2008）从增长绩效和结构优化两个方面对浙江和上海的经济增长质量进行了比较分析，增长绩效主要包括单个要素的生产率以及全要素生产率，结构优化方面则主要包括经济结构、投入结构、风险结构、地区结构、就业结构、财富分配结构、社会阶层结构、居民消费结构、公共品供给结构等，但是与其他广义经济增长质量研究不同的是，作者并没有建立一个综合的指数，而是逐个对上述维度进行比较分析。毛其淋（2012）认为经济增长质量应该是与经济增长密切相关的内容，因此，从经济增长的有效性、持续性、协调性、稳定性以及分享性五个维度评价了经济增长质量。郝颖等（2014）给出了经济增长质量的定义，认为经济增长质量反映了经济增长一系列固有特性能够满足经济发展特定要求的程度，在数量积累的同时，经济增长在结构优化、效率提升和自然环境成本等方面影响其质量水平，这些因素的变化同时也成了经济发展过程的一部分，而在实证时，则采用了任保平等团队建立的经济增长质量指数。刘燕妮等（2014）在论文中同样是使用了钞小静、惠康（2009）对经济增长质量外延的界定，即从增长的过程和结果两个层面，共四个维度对经济增长质量进行了测度。黄宝敏

（2015）认为经济增长质量涉及多方面的内容，包括能源与环境约束、要素使用效率、经济结构、经济增长与经济稳定性、福利与资源分配、技术进步等。彭越（2016）认为经济增长质量衡量了经济增长的程度，包含效率、公平与稳定、可持续三个维度的内容。程承坪、陈志（2016）从经济增长的效率、结构、稳定性、福利变化、科技创新、生态环境六个方面构建指标体系衡量了经济增长质量。詹新宇、崔培培（2016a）认为经济增长质量不仅要反映国家经济发展情况，而且要反映经济可持续发展的能力，而发展理念从根本上决定发展的水平，所以他们从"创新、协调、绿色、开放、共享"五大发展理念出发衡量了中国省际的经济增长质量。李胭胭、鲁丰先（2016）从经济增长的稳定性、经济增长结构、科技创新能力、福利分配和人民生活、资源利用和生态环境代价五个方面界定了经济增长质量的内涵。

以任保平教授及其团队的研究为代表的这一类广义的经济增长质量研究，相比狭义的经济增长质量以及其他广义的经济增长质量研究，突出创新点是他们将经济增长本身的特质与人们对经济增长成果的共享同时包含于经济增长质量的指标体系中，因此，其考察的范围是非常广泛的。

广义的经济增长质量的研究相对狭义的经济增长质量的研究而言，对经济增长质量内涵的认识是在不断深化的。然而这一深化过程也很容易出现问题，一部分研究者很容易把影响经济增长质量的因素等同于经济增长质量的内涵，把其内涵过度扩大化（张德亮等，2013）。而其根源就在于，这些研究只是给出了作者自己所认为的经济增长质量所应该包含的维度，并没有在对"质量"一词讨论的基础上，给出经济增长质量的确切定义，因此，尽管广义经济增长质量的考察范围是广泛的，然而也是模糊不清的。另外，广义经济增长质量所选取的评价指标，比如人均 GDP、产业结构、收入分配等，衡量的是该经济体目前经济发展的状态或者水平。如果按此推断的话，通常情况下，由于成熟的经济体在经济增长的稳定性、经济结构、人们的生活水平方面都表现得要好于不成熟的经济体，那么成熟的经济体的经济增长质量就是要好于不成熟的经济体的。如果一个不成熟的经济体正在以很快的速度从各个方面追赶成熟的经济体，而成熟的经济体基本维持现状止步不前，那么谁的经济增长质量更高呢？答案是显而易见的。

三　关于经济增长质量内涵的其他讨论

狭义的经济增长质量和广义的经济增长质量是对目前绝大部分现有研究的一个大致分类，它们都是从宏观层面对经济增长质量进行定义的，但未对经济增长质量的内涵从理论层面进行深入而系统的讨论。从其他角度定义经济增长质量，或者从理论层面较深入讨论经济增长质量的研究并不多，因此，本章在这里对其做一个简单介绍，以扩充对经济增长质量的认识。

程虹、李丹丹（2014）从微观层面的产品质量角度对经济增长质量进行了定义。他们根据"质量"的定义——一组固有特性满足需要的程度——对经济增长质量的定义进行了延伸，认为经济增长质量就是经济增长所固有的特性满足需要的程度。而"固有特性"就是经济增长带来的产品和服务的品质，而"满足需要"主要指满足社会需要，即实现可持续增长、优化经济结构、提高生产效率、改善社会福利等。

任保平（2013）从理论层面比较了数量型经济增长和质量型经济增长。数量型经济增长追求的是经济增长的速度，而质量型经济增长更加关注经济增长的结果。数量型经济增长是对经济系统的客观描述，属于实证研究，而质量型经济增长涉及价值判断，属于规范的分析方法。同时，任保平认为，质量型经济增长的价值判断包括终极价值判断和现实价值判断，其中，终极价值判断的核心在于人的发展，而现实价值判断的核心在于经济增长的有效性，现实价值判断是为了实现终极价值判断。经济增长质量的核心在于经济增长的经济属性、社会属性和自然属性的耦合。根据任保平的观点，在定义经济增长质量之前，应该探讨经济增长的意义，或者说经济增长的目标，而当前的经济增长质量研究则很少从规范研究的层面去探讨这一问题。

经济增长质量既然是一种规范研究，涉及价值判断问题，那么究竟应该用什么样的标准去评价经济增长质量的水平呢？方迎风、童光荣（2014）探讨了这一问题，他们指出，经济增长质量的评价标准主要就是两个：效率和福利。效率是从经济增长本身的特点出发的，关注的是经济增长的过程，比如经济增长的稳定性、可持续性等；而福利则着眼于经济增长的成果，主要是指人们对于经济增长成果的分享，从公平的角度看，可能进一步包含经济增长的益贫性和包容性。从效率和公平的角度来看，效率有时可能会损害公平，而两者有时又并非真的是鱼与熊掌不可兼得。因此，现有的建立综合指标体系的经济增长质量研究，往往都是将效率的标准和福利的标准混合在一起，这掩盖了同时采取两类标准而可能产生的两难问题。

第二节　经济增长质量的测度方法

根据经济增长质量定义的不同，经济增长质量的测度方法大致可以分为两类，一类是全要素生产率的计算方法，另一类就是综合指标法。

在经济增长的研究中已经有很多全要素生产率的计算方法，这里就不详细介绍每种方法，而仅仅就经济增长质量研究文献中使用到的方法进行简单介绍。一类是传统的残差法，许恒周等（2014）采用传统的索罗残差法，利用 OLS 估计了全要素生产率，以衡量经济增长质量，这是从宏观层面进行的研究。黄志基、贺灿飞（2013）研究的对象是城市的经济增长质量，他们用企业的全要素生产率加权求和来得到城市的全要素生产率。由于从微观企业层面计算全要素生产率，可能面临样本选择性偏差和同时性误差，因此他们采用了 OP（Olley – Pakes）的半参数估计方法。刘文革等（2014）采用的是数据包络的分析方法，以 Malmquist 指数测算了生产效率的变化，以此表示经济增长质量水平。高艳红等（2015）和何强（2014）采用的是随机前沿异质面板模型。其中，索罗残差法和随机前沿的方法，都属于参数的方法，其结果依赖于生产函数的设定。但是索罗残差法无法将全要素生产率按照不同的来源进行分解，而随机前沿的方法则可在模型中考虑投入要素之外的约束条件和随机因素对经济增长的影响。数据包络分析属于非参数方法，不依赖于生产函数的具体形式，然而也无法考虑随机因素对经济增长的影响。目前，在经济增长质量研究中，较多采用随机前沿和数据包络的方法。

通过建立指标体系，然后计算综合指数来评价经济增长质量的方法，差别主要在于权重的选择和加总的方法。根据权重的确定方式不同，这些方法大致可以分为两类，一类是主观权重方法，一类是客观权重方法。

刘有章等（2011）使用的是层次分析法，其中权重的确定需要依据人为地比较每两个指标的相对重要程度。魏婕、任保平（2011）使用的也是层次分析法。于敏、王小林（2012）在测度经济增长包容性时，权重的确定使用的是专家座谈法。赵英才等（2006）采用的是相对指数法，即将各个指标的初始值设定为100，然后求其余年份与它的比值，最后再将各个指标相加，既可以简单相加，也可以人为确定权重，加权求和。上述这些方法的共同点就是需要人为确定各个指标、各个维度的权重，权重的确定会因人而异，随意性过大。

客观方法主要包括主成分分析法、因子分析法和熵值法。刘海英、张纯洪（2006）使用的是因子分析法，即以各个指标的共同影响因子作为经济增长质量的度量。同样采用因子分析法的还有黄宝敏（2015）等。马轶群、史安娜（2012）使用的是熵值法，即利用熵值来判断指标的离散程度，及其对综合指标的贡献。同样采用熵值法的还有程承坪、陈志（2016），李萍、冯梦黎（2016），颜双波（2017）等。钞小静、惠康（2009）提出用主成分分析法来计算经济增长质量指数，大部分广义经济增长质量的研究采用的都是主成分分析法，比如钞小静、任保平（2011），魏婕、任保平（2012），钞小静、任保平（2014），随洪光（2013a），随洪光、刘廷华（2014），彭越（2016），任保平、田丰华（2016），詹新宇、崔培培（2016a），钞小静等（2016），李强、高楠（2017），何兴邦（2018）。这一类方法避免了人为确定权重的随意性，比较客观。主成分分析法是利用各个基础指标的线性组合来衡量它们所包含的变异信息，是一种有效的数据降维手段，然而它缺少潜在的解释模型。熵值法与主成分分析法类似，也是基于数据本身的变异信息来确定指标的权重，而不基于任何的理论假设。因子分析法则是建立在理论模型的基础上，以公共因子作为综合指数的衡量指标。就经济增长质量指数而言，主成分分析法和熵值法是利用纯粹的统计分析，将经济增长质量指数看作各个指标的线性组合，而因子分析法，则是将经济增长质量看作所有指标变化背后的公共因子，也就是说这些指标变化的公共影响因素。究竟选择何种方式，主要取决于经济增长质量与这些指标体系间的关系。而现有的研究中由于没有讨论清楚经济增长质量的确切定义（不是评价维度），也就无法清楚地界定经济增长质量指数与这些指标间的关系。

第三节　经济增长质量的影响因素

前面两个部分分别介绍了经济增长质量的内涵和经济增长质量的测度方法，这一部分主要介绍经济增长质量的影响因素。因为经济增长质量分为狭义的和广义的两类，因此这一节的介绍也将分为两类。

一　狭义的经济增长质量的影响因素

所谓狭义的经济增长质量的影响因素，也就是经济投入产出效率的影响因素。关于经济投入产出效率的影响因素的研究可能很多，这里仅仅介绍那些将经济增长质量定义为投入产出效率的研究。

关于外商直接投资与经济增长质量的关系的研究有很多。比如，沈坤荣、傅元海（2010）利用 1999～2007 年我国 29 个地区的面板数据，研究了 FDI 的技术溢出对于内资经济增长质量（投入产出比）的影响。FDI 企业的生产本地化程度反映了 FDI 的技术转移与扩散程度，这种技术转移与扩散通过人力资本流动、示范效应和联系效应三种渠道为内资企业的模仿学习创造了条件，进而促进了技术进步，提高了本地的经济增长质量。但是由于同时存在 FDI 的竞争效应和联系效应，FDI 对本地经济增长质量的影响也有可能为负，也就是说 FDI 对于当地经济增长质量的影响是存在明显差异的。只有当 FDI 的参与度达到较高水平时，FDI 的技术溢出效应才会提高当地的经济增长质量。

关于产业发展与经济增长质量之间关系的研究主要有以下几点。黄志基、贺灿飞（2013）利用 2005～2007 年我国 286 个地级市的面板数据，采用空间计量模型，讨论了制造业的创新研发投入对于城市经济增长质量（利用 OP 法计算的全要素生产率）的影响。结果表明，制造业创新投入的总量、强度和产业之间多样性的增加都有利于城市经济增长质量的提高。刘文革等（2014）利用 1998～2008 年的省级面板数据讨论了金融发展对经济增长质量（利用包络分析法计算的全要素生产率）的影响。研究结果表明，金融发展有利于经济增长质量的提高，但是不当的政府干预以及过度的经济资本化将会阻碍这一促进作用的有效发挥。高艳红等（2015）探讨了再生资源产业替代对经济增长质量的影响，经济增长质量是由随机面板模型估算的全要素生产率，他们利用 2005～2012 年我国 21 个省级行政单位的面板数据进行实证分析，研究发现：再生资源产业替代对经济增长质量的影响是非线性的，当再生资源产业替代的水平较低时，有利于经济增长质量的提升；当再生资源产业替代已经处于较高水平，即当地过度依赖再生资源产业时，将会有损经济增长质量，遭受再生资源诅咒。李平等（2017）同样用全要素生产率来衡量经济增长质量，他们通过对中国 1980～2014 年全要素生产率增长率的测算与分解，讨论了生产性服务业对经济增长质量的影响，指出生产性服务业具有较高的技术进步水平和对资本要素、劳动要素有较强的集聚能力，可以提升宏观经济总体全要素生产率，从而推动中国经济的可持续和高质量增长。

关于制度与经济增长质量之间关系的研究主要有以下几点。黄清煌、高明（2016）将经济增长质量定义为考虑了能源消耗和环境污染的全要素生产率，然后选取了 2001～2013 年中国 30 个省份的面板数据，运用联立方程模型实证检验了环境规制对经济增长数量和质量的双重影响，指出目前中国的环境规制抑制了经济增长数量，促进了经济增长质量，而环境分权则强化了这一两极分化的效应。林春、孙英杰（2017）用全要素生产率衡量经济增长质量，然后利用 2000～2015 年中国 29 个省份的面板数据，运用系统 GMM 和门槛模型验证了财政分权对经济增长质量的影响，指出财政分权对经济增长质量有促进作用，但是在不同地区这一促进作用有显著差异，且具有门槛效应。

还有一类将经济增长质量定义为经济效率的研究，是将其作为解释变量，即研究经济增长质量对其他变量的影响，本章也在此做一个简单介绍。

赵可等（2014）考察了经济增长质量对城市用地扩张的影响。赵可等将经济增长质量定义为全要素生产率，并利用数据包络的分析方法将全要素生产率进一步分解为技术进步与技术效率。他们认为经济增长质量的提高，意味着技术进步以及技术效率的提升，技术进步通过提高土地的利用强度、改变土地的利用结构，从而有利于抑制城市用地的扩张，而技术效率的提高则通过管理水平改善、规模效应等抑制城市用地的扩张。文章利用 2001～2011 年辽宁省 14 个市的面板数据进行了实证分析，结果证明了技术进步这条路径，而技术效率这条路径的结果并不显著。

许恒周等（2014）研究了中国耕地非农化与经济增长质量（全要素生产率）之间的关系。文章利用 1999～2011 年我国 31 个省份的面板数据进行了实证检验，结果表明我国耕地非农化与经济增长质量之间也存在"耕地库兹涅茨曲线"，当经济增长质量超过一定水平时，经济增长质量的提高将会抑制耕地非农化。

二 广义的经济增长质量的影响因素

这一节介绍的文献主要是从多个维度定义经济增长质量，并讨论其影响因素的。

刘宇（2008）认为经济增长质量应该包括经济增长的稳定性、产业结构升级和技术进步，通过对国外文献的梳理，他认为收入差距过大会导致技术进步和产业结构升级缓慢，从而制约经济增长质量的提高。

马轶群、史安娜（2012）从三个方面定义了经济增长质量，并利用中国 1978～2010 年的数据考察了金融发展分别对经济增长质量这三个方面的影响：首先，金融发展与经济增长方式质量（包括要素利用率和能耗水平）和经济增长稳定性（包括产出波动率和价格波动率）不存在长期的稳定关系；其次，金融发展对经济增长协调性（包括产业结构、收入结构、生态环境）的作用是先增强后减弱的；最后，金融发展有利于提高经济结果质量（人均 GDP）。李萍、冯梦黎（2016）从经济增长水平质量、经济增长过程质量和经济增长方式质量三个方面界定了经济增长质量，讨论了利率市场化对经济增长质量的影响，他们认为：首先，利率市场化提高了投资利用效率从而对经济增长水平质量产生正向影响；其次，利率市场化可能会加剧或减少经济的波动性，优化产业结构的同时可能因粗放发展的惯性增加环境污染，提高利率的同时减少消费从而影响经济的持续性，所以利率市场化对经济增长过程质量的影响是不确定的；最后，利率市场化可以提高企业的技术创新水平从而提高经济增长方式的质量。

随洪光（2013a）利用中国省际的面板数据考察了中国 FDI 的利用情况及其对经济增长质量的作用，研究发现 1985～2009 年，FDI 有利于我国经济增长质量的提高，并且政府由于宏观管理水平的提升，进一步强化了 FDI 这一作用。随洪光（2013b）在另外一篇文章中，除了讨论 FDI 对经济增长质量的影响以外，同时讨论了国际贸易对经济增长质量的影响，研究发现贸易同样能够促进经济增长质量的提升，但是政府因素对这一渠道的影响并不显著，说明政府当前在贸易方面的政策还有待改善。随洪光、刘廷华（2014）将经济增长质量定义为经济增长的稳定性、可持续性和经济增长效率，他们利用 1990～2009 年亚太、非洲和拉美地区的国家数据，讨论了 FDI 对经济增长质量的影响，发现 FDI 通过作用于经济增长的效率和经济增长的可持续性，有利于促进发展中东道国经济增长质量的提升，而在此过程中，政府对促进外资的有效利用具有积极作用。随洪光等（2017）又进一步讨论了汇率对 FDI 和经济增长质量两者关系的影响，通过对 2001～2015 年中国 29 个省份的面板数据实证研究发现：由于外商在华投资中可能存在较大比例的非耐心资本，FDI 整体上可能降低经济增长质量，但是汇率的变化有显著的 FDI 甄别效应，人民币升值可以显著提高外商的耐心资本投资份额，从而改善 FDI 对经济增长质量的作用，并且经济联系紧密度越低、资本流动倾向越高，甄别效应越显著。

上述这些研究有一个共同点：这类广义经济增长质量的研究仍然是从经济增长本身的特点定义经济增长质量。因此，他们所讨论的经济增长质量影响因素可以说讨论的是影响经济增长速度之外的但仍旧是影响经济增长（比如稳定性、效率、协调性）的因素。

还有一类研究则是将人们对经济成果的共享纳入经济增长质量指标中，在讨论经济增长质量的影响因素时包含的内容更加广泛。

关于经济结构与经济增长质量关系的研究主要如下。钞小静、任保平（2011b）利用我国 1978～2007 年的省级面板数据，验证了经济结构对经济增长质量的影响：经济结构优化有利于改善资源配置，改进生产效率，从而提高经济增长质量；经济结构优化有助于改善居民的福利分配，从而提高经济增长质量；经济结构优化有助于维护经济增长的稳定性，从而提高经济增长质量。刘燕妮等（2014）借鉴了钞小静、惠康（2009）对经济增长质量的定义，运用中国 1978～2010 年的宏观数据，讨论了经济结构失衡对我国经济增长质量的影响，研究发现：中国经济结构失衡呈现倒 U 形，2000 年之后，中国经济结构处于严重失衡状态；经济结构包括投资消费结构、区域经济结构、产业结构、金融结构和国际收支结构，这些结构的失衡会影响经济的可持续性，从而对经济增长质量产生严重的负面影响，因此为了保证经济增长质量，必须不断调整经济结构以使其保持在合理区间。钞小静、任保平（2014）认为城乡收入差距通过三种渠道影响经济增长质量：首先，由于消费倾向递减，城乡收入差距过大会抑制消费需求，不利于经济增长质量的提高；其次，如果城乡收入差距过大，低收入群体将难以提高劳动力素质，会影响二元经济结构转型，从而不利于提高经济增长质量；最后，城乡收入差距本身就是经济增长质量的一部分，也就是说城乡收入差距将从经济增长的基础、过程及结果影响经济增长质量。文章利用 1998～2012 年我国 30 个省份的面板数据验证了上述观点，并指出人力资本投资、政府支出规模、基础设施等有利于经济增长质量的提高，而产业结构和金融发展则不利于经济增长质量的提高。

关于外资引入与对外贸易对经济增长质量影响的研究主要有以下几点。比如，毛其淋（2012）从经济增长的有效性、持续性、协调性、稳定性以及分享性五个维度评价了经济增长质量，运用中国 2002～2009 年各个省份的面板数据，讨论了出口和区际开放对于提高经济增长质量的重要意义：出口质量的提高有助于经济增长质量的提升，区际开放程度的加深也有助于经济增长质量的提高，且出口和区际开放对经济增长质量的作用能够互相加强。

关于资源环境对经济增长质量影响的研究主要有以下几点。钞小静、任保平（2012）认为资源环境通过以下几个渠道影响经济增长质量：首先，资源利用效率的提高可以节约资源，降低经济增长的成本，进而提高经济增长质量；其次，资源利用效率的提高可以改善生态环境，同时保证经济增长的可持续性；最后，生态环境的改善可以提高居民的整体福利。文章利用 1978～2007 年我国的省级面板数据进行了实证分析，证明了资源环境的改善有利于经济增长质量的提高。李强、高楠（2017）利用 2000～2014 年中国 30 个省份的面板数据，实证检验了资源禀赋和制度质量对经济增长质量的影响，其中经济增长质量是从综合经济结构、科技与创新、民生、资源与环境四个方面来衡量的，他们指出：资源禀赋对经济增长质量的效用是"双刃剑",当制度是高效的,资源禀赋对经济增长质量起促进作用,当制度是低效的,则起抑制作用。

关于创新和技术进步对经济增长质量影响的研究主要有以下几点。王林东、白俊红采用《中国经济增长质量发展报告》中经济增长质量的定义和经济增长质量指数,构建了创新驱动评价指标体系,实证检验了创新驱动对中国经济增长质量的影响,指出技术创新、产业创新、制度创新和文化创新是提升中国经济增长质量的重要因素。宋文月、任保平(2018)从技术进步和制度变迁的角度讨论了经济增长质量和数量的互动机制,指出:技术进步可以提高经济增长效率,制度环境则保障了经济增长过程的稳定性和增长成果的有效性,所以以技术进步和制度变迁为核心的经济增长质量对经济增长数量有着重要的反馈意义;低收入阶段,主要依靠要素投入和技术引进发展经济,政府主导的非均衡发展路径为经济起飞提供了有力支持;中等收入阶段,主要是通过自主创新来推动经济发展,市场为主,政府为辅,市场主导的均衡发展路径提高了经济增长质量,从而为新的发展阶段提供了持久的动力。

关于制度对经济增长质量影响的研究主要有以下几点。姜琪(2016)采用《中国经济增长质量发展报告》中经济增长质量的定义和经济增长质量指数,利用2000~2012年中国28个省份的面板数据讨论了政府质量(正式制度)和文化资本(非正式制度)对地区经济增长质量和数量的影响,指出:地区政府公平公正程度较低和腐败程度较高将会通过降低要素配置效率从而抑制经济增长质量;丰富的文化资本可以有效约束市场主体行为、维持市场秩序、降低发展成本，从而促进经济增长质量的提升。詹新宇、崔培培（2016b）基于"五大发展理念"衡量经济增长质量，采用2000~2014年中国省际面板数据，运用系统 GMM 法验证了中央对地方的转移支付对经济增长质量的影响，指出不同类型的转移支付对经济增长质量的影响显著不同。詹新宇、王素丽（2017）又进一步讨论了地区财政支出结构对经济增长质量的影响，指出生产性支出和服务性支出对经济增长质量的影响为正，而消费性支出对经济增长质量的影响为负，所以应该保持生产性支出在有力度、压缩消费性支出的同时，加大科教文卫、社会保障等服务性支出。张倩、邓明（2017）使用钞小静、任保平（2011a）关于中国经济增长质量的数据，从支出、收入和加权自治三个角度讨论了财政分权对经济增长质量的影响。何兴邦（2018）构建了一个涵盖经济增长效率、产业结构升级、经济发展稳定性、绿色发展、福利改善、收入分配公平六个方面的经济增长质量评价指标体系，采用2000~2014年的省际面板数据，讨论并实证检验了环境规制对经济增长质量的影响，指出：环境规制在整体上能够提高经济增长质量，但是存在门槛效应，即当环境规制强度较低时对经济增长质量的作用是不显著的，只有当环境规制强度达到一定水平时，才能显著提升经济增长质量。

关于微观层面经济增长质量影响因素的研究主要有以下几点。郝颖等（2014）采用了《中国经济增长质量发展报告》一书对经济增长质量的定义及其结果，从微观层面讨论了企业投资活动对地区经济增长质量的影响：企业固定资产投资不能推动经济增长的持续性，相反，企业技术投资则有利于推动经济增长的持续性；企业的技术投资对于经济增长质量的提高有促进作用，然而只有在经济发展水平较高的地区，技术投资的这种作用才会更加显著；对于经济规模较小的地区，地方国企的投资活动对经济增长质量的负向影响更加明显；对于经济发展水平较高的地区，由于市场机制更加完备，民营企业的投资活动对经济增长的质量有明显的提升作用。魏婕等（2016）分析了地方政府官员行为影响地区经济增长质量的内生机制，指出由于现行的官员任期制度和唯"GDP"的晋升激励机制，部分地方政府官员会利用财政倾斜"生产性支出"来提高经济增长的数量，而对长期的经济增长质量缺乏兴趣，进而出现中国经济增长质量落后于经济增长数量的情况，所以新常态下中国应该转变政府主导的增长机制，完善官员考核体系。

上述这些研究的共同点是将人们对经济成果的共享放入经济增长质量的指标体系中。如果承认人们对经济增长成果的共享是经济增长质量重要组成部分的话，那么这些文献所讨论的经济增长质量的影响因素就具有意义。然而，这些研究中的经济增长质量的外延过于宽泛，将经济增长的手段和经济增长实现的结果同时包含在了经济增长质量体系中，部分研究出现了逻辑性的错误：经济增长质量指数（大多都是各个指标的线性组合）组成部分的变动必然导致其自身的变化，但就此说二者之间是因果关系似乎不妥，因为在主观定义经济增长质量时就已经同时定义了这种关系。

第四节 简评

经济增长质量应该属于规范的研究，涉及价值判断（任保平，2013）。也就是说，研究经济增长质量其实是在回答人们想要的究竟是什么样的经济增长，而经济增长的最终目的应该是实现人们想要的生活。这应该是经济增长质量研究的前提和基础。

狭义的经济增长质量即经济的效率或者更具体地说是投入产出效率，是一个非常明确的定义。如果经济增长质量的定义果真如此，难道人们想要的经济增长就仅仅是一个有效率的，或者说以最少的投入获得最大产出的增长吗？经济增长效率不过是经济增长水平之外另一个描述经济增长自身特点的指标，如果经济增长质量关注的是经济增长本身的话，那么经济增长的稳定性、可持续性等也必然应该包括在内。因此，无论从哪个方面而言，狭义的经济增长质量定义确实稍显狭隘。

进一步来说，将经济增长质量由投入产出效率扩展到经济增长的稳定性和可持续性的广义经济增长质量中的一类，是否合适呢？这还是同一个问题，人们想要的经济增长就仅仅是高效率、小波动和资源环境友好型的，而不论收入分配是否平等、人们生活是否有保障的增长吗？很显然，这种定义也过于狭隘，忽略了经济增长的本质目标。这种定义主要针对的是经济增长过程中过分注重经济增长速度而忽视其他方面会带来的负面效应，实质仍然是"量变"视角下经济增长本身的特点，而非经济增长基础上的质变（叶初升，2014）。

另外，将经济增长质量从上述定义扩展到人们对经济成果的共享，这一类广义的经济增长质量定义是否合适呢？这一类经济增长质量的外延更加全面，不仅包含了对经济增长本身特点的追求，也包含了对经济增长最终目的的描述，相对上述两类定义，内涵更为丰富。然而它仍然存在问题，这类定义很容易把影响经济增长质量的因素等同于经济增长质量的内涵，把其内涵过度扩大化（张德亮等，2013）。

上述问题的根源在于，现有文献鲜有在规范研究基础上给出经济增长质量的明确定义，而仅仅是模糊地给出了评价经济增长质量应有的维度。当经济增长质量没有明确定义时，提及经济增长质量，仅仅是一种模糊的感觉，而无法确知它究竟是什么，既然无法说出它究竟是什么，又如何寻找它的影响因素。

在主流的经济学理论中，并没有明确的质量，或者经济增长质量的概念。从管理学意义上来说，质量即品质，是一组特性（在产品或服务中本身具有的特性）符合需求的程度（Iso，2005）。那么经济增长质量就应该定义为"经济增长所固有的特性满足需要的程度"（程虹、李丹丹，2014）。而经济增长最终是为了实现发展，发展就是人民生活质量的改善，就是人民构建自己未来的能力提高（Thomas，2000）。从哲学意义来看，量变积累到一定程度会发生质变，而量变过程中则包含着部分质变。对应到经济学中，经济增长是量变，发展是经济增长基础上的质变，因此经济增长质量应该是经济增长过程中蕴含的发展质变（叶初升，2014）。无论是管理学意义上的质量，还是哲学意义上的"量变过程中蕴含的质变"，定义和研究经济增长质量都必然应从发展的视角来看。

现有的经济增长质量研究由于没有从质量的本质含义出发，不能给出经济增长质量的确切定义，进而导致研究过程中研究视角有些模糊不清。

（1）将发展和增长的视角，也就是将"质变"和"量变"相混淆，进而无法提炼出真正的"质变"。指标体系中虽然包含了经济结构、经济成果等试图体现经济体内部作用机制及变化方向的指标（质变），但同时包含GDP、生产率、波动性等经济增长本身特点的指标（量变），而这两者根本就不属于同一个范畴。

（2）将原因和结果，或者说手段和目标两个视角相混淆。体现人们生活水平、福利分享等经济结果的指标，原本是由经济增长水平、经济结构等决定的，然而这些指标同时包含在了一个指数中。这其实是将影响经济增长质量的因素等同于经济增长质量的内涵，把其内涵过度扩大化了（张德亮等，2013）。当后续想要研究经济增长质量的影响因素时，就不可避免地出现用组成要素解释自身的错误，即犯了计量上的内生性错误。因为，作为结果的现象（变量）与作为原因的现象（变量）已经混合在一起，包含于他们事先构造的"经济增长质量指数"之中了（叶初升、李慧，2014）。

（3）将存量和增量的视角相混淆。存量指的是目前存在的状态，比如第三产业占比40%；增量指的是在特定阶段内经济体取得的成绩，比如第三产业占比增加了5个百分点。在现有的研究中，选取的指标往往是存量的概念。但是，在不同的发展阶段，经济结构必然是有所差别的，比如一个富裕地区和一个贫困地区。但是如果后者经济结构优化升级的速度很快，而前者则陷入了长期的停滞，那么经济增长质量孰优孰劣呢？答案显而易见。因此，这些研究与其说是在考察不同地区的经济增长质量，不如说是在研究它们正处于什么发展阶段。

综上所述，有必要从发展的视角重新定义经济增长质量，并在此基础上找到合适的经济增长质量的测度方法，进而讨论经济增长质量的影响因素。这是本书区别于现有研究的最重要的一点，也是本书最主要的创新之处。

第三章
发展视角下经济增长
质量的内涵

如何衡量经济增长质量，用其评价各地区、不同阶段的经济增长绩效，以及弄清楚如何提高经济增长质量，以最终实现经济增长和人类发展的良性循环，首先要界定清楚什么是经济增长质量，即经济增长质量的内涵。这是后续所有相关研究展开的理论基础。而要界定清楚其内涵，必须明确应该从哪个视角，以及用什么样的标尺来考察经济增长质量。因此，本章第一部分论证应该从发展的视角出发去考察经济增长质量，第二部分论证应该从发展的目标这一更加具体的视角去考察经济增长质量，第三部分提出了本书经济增长质量的内涵，第四部分论证了本书提出的经济增长质量的特点，第五部分是结论。

第一节　以发展界定经济增长质量
内涵的必然性

一　发展的视角——经济增长质量的本质要求

改革开放以来，中国一直保持着高速的经济增长，顺利地跨越了贫困陷阱，实现了经济的起飞。同时因长期只重"量"不重"质"，也出现了一系列发展不平衡的问题。现如今，由于内外部环境的变化，这种高速的经济增长难以维持，2012 年到 2014 年，我国每个季度的经济增长速度都在 7% 至 8% 之间（汪红驹，2014），中国进入了中高速经济增长的"新常态"。

高速经济增长时，快速的物质财富积累尚且难以掩盖经济社会发展中的各种矛盾，更何况经济增速明显下降的当下，如果继续之前粗放的经济发展模式，各种问题只怕会更加难以解决。因此，新常态下，必须将焦点从经济增长的"量"转移到"质"上来。提高经济增长质量，这将有助于我国成功跨越中等收入陷阱，为更高水平的发展开辟道路。

在主流的经济学理论中，并没有明确的质量或者经济增长质量的概念，因此，要界定经济增长质量，必须首先跳出经济学的框架，寻找究竟什么是"质量"。从管理学意义上来说，质量即品质，是一组特性（在产品或服务中本身具有的特性）符合需求的程度（Iso，2005）。那么经济增长质量就应该定义为"经济增长所固有的特性满足需要的程度"（程虹、李丹丹，2014）。其中，经济增长最主要的特性应该就是创造各种商品和服务，目前主要用 GDP 来衡量这些商品和服务的总和；而经济增长所要满足的需要就是实现发展，发展就是人民生活质量的改善，就是人民构建自己未来的能力提高（Thomas，2000）。

从哲学意义来看，量变和质变是事物运动变化的两种形式，量变是质变的必要准备，质变是量变的结果；量变积累到一定程度会发生质变，量变过程中会包含着部分质变。对应到经济学中，经济增长是量变，发展是经济增长基础上的质变；发展并非一蹴而就，而是蕴含在经济增长的过程之中；提高经济增长的质量就是为了最终实现发展，也就是说经济增长质量是经济增长和发展之间的桥梁，因此，经济增长质量应该就是经济增长过程中蕴含的发展质变（叶初升，2014）。

总之，无论是管理学意义上的"满足需要的程度"，还是哲学意义上的"量变过程中蕴含的质变"，从经济增长质量的本质来说，以发展的视角考察经济增长质量是其必然要求。

另外，从经济发展的现实背景来看，中国经济增长速度的下降并非短期周期性波动造成的，而是经济潜在增长率的下降导致的必然结果（田俊荣、吴秋余，2014；钟经文，2014）。这种经济体内部结构性因素变化导致的经济增长的长期下滑，不能简单地用传统的凯恩斯主义的刺激需求的方式加以改善，而是需要深入经济体内部，通过社会经济制度转型、经济结构优化，以及要素重构来建立新的经济增长动力（刘元春，2014）。

因此，新常态下要提高经济增长质量，必然要深入经济增长的背后，探查经济体内部的作用机制及其变化方向。也就是说，从发展的视角考察经济增长质量除了是其本质要求外，也是新常态的必然要求。

然而，国内现有的研究，大多仍然是在"量变"的范式下研究经济增长本身的特点，而非经济增长基础上的"质变"（叶初升，2014）。并且，这些研究也没有给出确切的经济增长质量的内涵，而仅仅提出了他们认为的评价经济增长质量应该包含的维度。这就可能导致在后续的经济增长绩效评价、寻找经济增长质量的影响因素、引导政策制定时出现模糊性和不确定性。因此，有必要从发展的视角，重新界定经济增长质量的内涵。

二 发展的视角——过程和目标

那么什么是发展呢？

Perkins 等（2012）强调了经济增长和发展的不同。他们认为经济增长主要是指生产的产品和服务的增长速度，而发展则具有更广阔的含义。发展不仅包括财富的增加，更包括人类发展的改善，比如预期寿命、婴儿死亡率、教育、民主、收入分配、广泛的参与性、环境的可持续性等。Cypher、Dietz（2008）也对经济增长和发展做出了区分，认为发展不仅是经济增长，更包含了社会和人类发展方面更广泛的目标。另外，有学者对经济增长和发展的认识略有不同。Myrdal（1974）认为经济增长是一种静态的现象，而发展则是一种动态的变化，包括结构和制度的改变，社会和文化系统的动态演进。Perkins等（2012）以及 Cypher、Dietz（2008）从经济体发展呈现的结果对发展加以界定，而 Myrdal（1974）则是从经济体内部相互作用的机制变化对发展加以界定。两种定义核心观点一致。按照后者的定义，发展带来了健康、教育以及其他集体财产方面的改善（Myrdal，1974）。国际货币基金组织和世界银行也指出发展是一种特殊的经济增长，即高质量增长（high - quality growth）。这种增长是一种可持续的增长，能够带来持续的就业增加、生活水平的提高和贫困的减少，能够提升更大范围的公平和机会的平等（Tridico，2011）。

　　从上述对发展的认识可以看出，发展主要是相对经济增长而言的，无论是哪一种定义，其关注的都是经济增长之外更广阔的、更深层的东西，既包括经济增长过程中各种制度、结构的演进，也包括经济增长应该要实现的发展结果。因此，所谓的发展视角，是相对于增长的视角而言的，也就是说不能只看经济增长在量上的变化，更要深入经济增长的背后，探寻当内在因素和外部环境发生变化时，经济体内部相互作用的机制及其变化的方向（叶初升、闫斌，2014）。经济体内部相互作用的机制可以理解为社会经济制度、经济结构、技术进步等，而经济体的变化方向则可以理解为发展的目标，前者关注的是经济增长过程中的发展质变，而后者强调的是经济增长最终所实现的结果。经济体内部各种机制相互作用，最终决定了经济体变化的方向。也就是说社会经济制度的演进、经济结构的变化、科学技术的进步等，以及这些因素间的相互作用，最终决定了人们生存发展的状态。因此，可以将发展的视角概括为发展的过程和结果，或者说发展的手段和目标。

第二节　以发展目标考察经济增长质量

前面的论证已经证明，无论是经济增长质量的本质含义还是新常态的现实要求，都应该从发展的视角考察经济增长质量。也就是说，要深入经济增长的背后去考察经济增长质量。然而，这还不足以提出经济增长质量的确切内涵，因为经济增长的背后还包含很多因素，因此还需要知道应该用什么样的标准或者说更加具体的指标来考察经济增长质量。正如评价一台电脑的质量，可以从性能的角度（运行速度、稳定性等），也可以从硬件的角度（耐用、轻便、美观等），只有统一了评判标准（是从性能还是从硬件），才能最终得出可比的结论。

由于研究视角的模糊，现有经济增长质量的研究无论是在内涵的界定方面，还是在后续影响因素研究等方面，都存在一定问题。那么究竟从什么样的具体视角出发考察经济增长质量才是合适的呢？

所谓发展的视角，也就是要关注内在因素和外部环境发生变化时，经济体内部相互作用的机制及其变化的方向（叶初升、闫斌，2014）。本书将其概括为发展的过程和结果，或者说发展的手段和目标。

虽然经济体内部的作用机制和经济体的发展方向都是应重点关注的，但是不能将二者同时纳入一个指标中去评价经济增长质量。否则，就如同现有的广义经济增长质量研究，容易将手段和目标两个视角相混淆，把影响经济增长质量的因素等同于经济增长质量本身，后续研究经济增长质量的影响因素时出现用组成要素解释自身的错误。

那么，应该是从发展的过程去考察经济增长质量，还是从发展的目标去考察经济增长质量呢？

社会经济中的各种制度安排、经济结构、技术进步、政府管理体制等因素相互依存、相互影响，最终决定了经济体的发展方向。它们之间并非简单的互补或替代，而是一种复杂的运行系统。因此，不同的机制组合可能会产生同样的结果；同样的机制组合，可能由于自然禀赋、社会文化的不同而产生不同的结果。Ranis、Stewart（2012）比较了自1970年以来一些人类发展取得很大进步的国家和一些人类发展表现很糟糕的国家，发现并没有某种特定的导致成功或者失败的模式。在表现较好的国家里，经济增长、公共支出等也都有着不同的组合方式。比如孟加拉国，政局虽然比较动荡，但是人类发展方面仍有不小改善，这主要源自大量的非政府组织和私营中小企业部门的发展；印度尼西亚在改善人类发展方面也取得了很大的成功。

因此，从发展的过程，也就是说从经济体内部各种运行机制出发去考察经济增长质量的话，将很难找到某种可比的标准去评价。更何况，经济增长和发展必然离不开各种正式的和非正式的制度安排，而这些制度往往是难于量化的，并且也难以简单地概括哪种制度好，哪种制度不好。如教育上的公共支出本来是有利于经济发展的，然而政府较差的管理水平则会对这一作用产生严重的负面影响（Baldacci et al.，2008）。虽然无法直接量化并且比较政府的管理水平，但是可以通过它带来的结果（公共支出对经济发展的偏效应）间接判断政府的管理水平。

相比从发展的过程出发，从发展的目标出发去评价经济增长质量可能会更加合理可行。从宏观政策调控看，当发展的目标明确之后，政府就可以寻找最合适的政策组合去调控经济发展，以达到既定目标。因此，从发展的目标出发去考察经济增长质量对实际的经济发展的作用更具有指导意义。另外，相比经济体内部机制运行可以有不同的组合，经济体的发展目标则相对更加一致，因此也更容易找到可比的标准去评价各个指标。

因此，本书将从发展的目标出发去考察经济增长质量。

上文曾经指出：从管理学的"质量"定义出发，经济增长质量是经济增长满足发展需要的程度；从哲学"量变"和"质变"的含义出发，经济增长质量是经济增长过程中蕴含的发展质变。无论是哪种角度，经济增长质量一定是经济增长过程中带来的人们所期望的发展变化的程度，是一个增量概念，而非存量概念。换言之，从发展的目标出发去考察经济增长质量时，经济增长质量就是经济增长过程中人们所期望的发展目标的实现程度（或者说改善程度），而非当时已经获得的发展水平。也就是说，在某一经济增长阶段，发展目标的改善程度越高，则该阶段经济增长质量就越高。这将解决现有经济增长质量研究中三类研究视角（增长和发展、手段和目标、存量和增量）混淆的问题。那么接下来的焦点就是，发展的目标应该是什么？

第三节　可行能力视角下经济增长
质量的内涵

经济增长质量就是经济增长过程中人们所期望的发展目标的实现程度（或者说改善程度），那么，只有清晰地界定了发展的目标，才可能以此为基准去反思、分析和评价经济增长过程，从而甄别或精炼出经济增长过程所蕴含的"质"的成分，即经济增长质量。

世界银行经济学家 Thomas（2000）认为，发展就是人民生活质量的改善，就是人民构建自己未来的能力提高。在 Sen（1987）看来，生活质量的提高，是人的终极价值，是经济发展、社会发展和政府政策的根本目标。现有研究文献对生活质量的衡量通常分为主观和客观两种。主观的生活质量主要是指主观幸福，即人们评价自身的生活质量而产生的主观感受（Veenhoven、Jonkers，1984）。虽然主观幸福感在衡量个体发展（或者说生活质量）方面，具有明显的工具性价值和内在性价值（Frey、Stutzer，2002；Ng，2003；Alkire，2007），但是，其缺陷在于极易受主观心理因素和个人特征的影响，难以在时间上和空间上进行比较（Fleurbaey，2009）。客观方面的生活质量研究主要有两类。一类比较传统，将商品的持有或者富有程度看作生活质量。这种观点反映在宏观层面，就是追求 GDP 的增加。Sen（1987）认为，商品或者财富只是影响生活质量的因素，并不是生活质量本身。此外，如果以此作为发展的内涵，那么就混同于经济增长了。而以 GDP 衡量经济发展水平已经遭到很多学者的反对，并且以 GDP 为指导的发展理念会造成各种社会问题（Fleurbaey，2009；Stiglitz et al.，2009；Gray et al.，2012）。另一类是一些社会学家进行的生活质量研究，他们不仅从收入维度，而且从教育、健康、工作等多维度对人的生活状态进行描述（Rossouw、Naudé，2008；Lazim、Osman，2009）。然而，许多该研究领域的专家已经注意到这一领域的研究缺乏支撑概念的理论基础（劳伦·范德蒙森、艾伦·沃克，2011）。

Sen 在批评功利主义的生活质量评价的基础上，提出了可行能力理论，克服了上述三种研究路径存在的问题。Sen 认为财富、收入、技术进步、社会现代化等固然可以是人们追求的目标，但它们始终只是工具性的，是为促进人的发展、提高人的福利而服务的，判定社会上所有人福利状态的最高价值标准就是自由。而自由就是人们享有有理由珍视的那种活动的可行能力。在他的理论体系中，人们实际实现的各种生活状态（being）是由一系列"功能性活动"集合（functionings）刻画的；从贫困状态到富裕状态，差异就在于"功能性活动"（functiongs）的维度，即自由度之区别；人们实现功能性活动的能力就是"可行能力"（capability），可行能力决定了人能够实现什么样的功能性活动，可能达到什么样的生活状态。因此，从贫困到富裕的发展，生活质量或生活水准的提高，表现为人们功能性活动的自由度的扩展；实质上是人们实现自己有理由珍视的那种生活的"可行能力"的提高（Sen，1985，1987，1988，1993，1999）。

借鉴 Sen 的理论，本书将发展的目标界定为人们实现自由的扩展，即可行能力的提升。至此，本书可以给出经济增长质量的确切内涵：经济增长质量就是经济增长过程中带来的可行能力的提升。经济增长过程中可行能力提升的越多，经济增长质量就越高。需要注意的是，这里不是可行能力的存量水平，而是可行能力的增量。也就是说，存在着可行能力水平较低，而经济增长质量较高的情况。在此概念下，追求高的经济增长质量，就意味着提高人们的可行能力，扩展人们的自由。

第四节 可行能力视角下经济增长质量的特点

一 预示着持续的经济增长

经济增长是发展的必要准备，而发展是经济增长的必然结果，也为新的增长开辟道路。将经济增长质量定义为经济增长过程中可行能力的提升，不仅是对当前经济增长绩效的评价，更预示着未来进一步的经济增长。

Sen（1999）认为，可行能力的提升不仅是发展的最终目标，也是促进经济增长的必要手段。Tridico（2011）发现在转型初期拥有较高人类发展水平的国家在转型后经济恢复和增长方面的表现要好于那些人类发展水平较低的国家。Ranis、Stewart（2000），Ranis et al.（2000），Suri et al.（2011）也实证证明了人类发展对经济增长有促进作用。

内生经济增长理论将技术进步看作内生的，进而解决了外生经济增长理论无法解释的经济持续增长的问题。自此，人力资本积累在经济增长中扮演了重要角色。可行能力的提升，或者说人类发展，其中很重要的方面就是健康、教育和生活水平的提高。这些方面的投资，将有效地提升人力资本，从而促进经济增长。尤其是当前对我国而言，简单的引进和模仿国外的技术已经不能满足经济增长的需要，必须依靠创新来推动发展，而这就对人力资本有了更高的要求。大量的证据已经证明，当人们变得更加健康、拥有更充足的营养和更好的教育时，会更好地促进经济增长。因为那时，劳动生产率将会提高，技术也会进步，同时会吸引更多的外国资本（Ranis、Stewart，2005）。

Bardhan（2005）指出一些非收入维度的人类发展能够用制度方面的因素解释，比如参与权和民主责任制等。也就是说人类发展离不开制度方面的建设。而很多制度，比如法律、透明度、政治的稳定性、对腐败的控制、政府管理的效率等，对经济增长和人类发展都有促进作用（De Muro、Tridico，2008）。因此，当经济体在提升可行能力、追求人的发展的时候，意味着相关制度方面的改善，这些制度将有利于经济增长。

因此，本书将经济增长质量定义为可行能力的提升，经济增长质量的提高也将意味着持续的经济增长。

二 便于揭示经济体机制变化与发展方向间的关系

狭义的经济增长质量将经济结构、创新、制度等因素都放在了一个黑箱内，既无法揭示经济体内部相互作用的机制，也无法表明经济体的发展方向；而广义的经济增长质量则内涵过度扩大化，将经济增长质量的影响因素等同于经济增长质量本身，把二者同时包含在一个指数内。因此，它们都无法有效地解释经济结构等经济体内在机制变化与经济体发展方向（可行能力提升）之间的关系。本书从发展的目标考察经济增长质量，将发展的过程和发展的目标区分开来，从而为研究两者之间的关系提供了便利。

经济增长质量即经济增长过程中可行能力的提升。因此，研究经济增长质量的影响因素时，就必然要研究经济增长过程中的各种机制是如何作用从而实现可行能力提升的。在可行能力的理论框架中，功能性活动的集合，即可行能力，取决于人们所拥有的资源以及个人特征、社会和环境等方面的因素（Robeyns，2011）。这就要求经济增长能够提供足够的资源以及良好的基础设施和公共服务等，而社会制度安排能够使各类人群有效地实现其功能性活动。Ranis 等认为经济增长主要是为促进人的发展提供了各种丰富的可用资源。同样的经济增长水平下，这种促进作用的大小取决于这些资源中究竟有多少部分被分配给用于实现人的发展。这就进一步取决于经济结构等经济增长过程的特点（比如经济结构的构成是有利于提高劳动报酬还是资本收益）；以及政府的相关政策（比如用于医疗、教育、社会保障、公共交通等的公共支出，以及在这些部门中的分配比例）（Ranis et al.，2000；Suri et al.，2011）。而 Tridico（2011）则强调了制度对于提升可行能力的作用。本书将在其他章节中专门讨论经济增长过程中各种机制的相互作用与发展方向之间的关系。

总之，由于从发展目标出发的经济增长质量实质是架起了增长和发展之间的桥梁，因此将经济增长质量界定为经济增长过程中可行能力的提升，有助于揭示经济体内部各种机制作用和发展方向之间的关系。

第五节 结论

传统的"唯 GDP"的发展理念，虽然带来了大量的物质财富，然而也由于粗放的经济发展方式，出现了收入分配不均、环境破坏、民生发展落后于经济增长等问题。在中国逐渐步入中等收入国家行列的时候，提高经济增长质量对于避免陷入中等收入陷阱至关重要。

从管理学中"质量"的定义出发，经济增长质量就是经济增长满足发展需要的程度，从哲学中"量变"和"质变"的定义出发，经济增长是量变，发展是经济增长这一量变积累到一定基础上的质变，而经济增长质量就是经济增长过程中所蕴含的发展质变。如果将经济增长和发展比喻为起点和终点，那么经济增长质量就是连接起点和终点的桥梁，经济增长质量的提高意味着同样的经济增长量变将更快地实现发展。

从发展的视角考察经济增长质量既是经济增长质量的本质要求，也是新常态的现实要求。发展的视角，既可以从发展的过程（经济体内各种作用机制）出发，也可以从发展的目标（经济体的变化方向）出发。由于发展过程中，各种机制作用的复杂性与多样性，从发展的目标出发去考察经济增长质量更加合理可行。在 Sen 的发展观中，发展的目标即实质自由的扩展，也就是可行能力的提升。因此，经济增长的内涵可以界定为经济增长过程中可行能力的提升。

相比现有的经济增长质量研究，本书从发展的视角给出了确切的经济增长质量内涵，也避免了现有研究中三类研究视角模糊导致的各种问题。并且，以可行能力界定经济增长质量，实际是架起了增长和发展之间的桥梁，有利于探索复杂的经济发展系统，为新时期引导经济发展提供有利的工具。

第四章
经济增长质量测度方法与实证分析
——微观视角

上文本书已经论证了为什么要从发展的视角看经济增长质量，并且提出了经济增长质量的内涵——经济增长过程中可行能力的提升。但只提出概念还是远远不够的，如果要运用到实际中评价经济增长的绩效，还要找出量化经济增长质量的具体方法。可行能力，既可以是微观个体的可行能力，也可以是整个社会人们的一般状况。一方面，微观数据更为丰富，方便更全面地衡量人们的可行能力；另一方面，考察不同层面的可行能力，模型关注的重点也是不同的。本章首先从微观个体的可行能力出发，以此为例提出经济增长质量的分析模型。其次，以结构方程模型为工具，依据全国样本数据测算经济增长质量指数，并对东部、中部和西部经济增长质量进行了比较分析。

第一节　背景、问题与研究路径

中国长期以来保持了高速的经济增长，顺利地跨越了贫困陷阱，实现了经济的起飞。2008年以来，中国经济增长开始告别高速增长而进入中高速的"新常态"。在新常态下，经济社会发展不平衡的问题、各种矛盾会随着经济增长降速而充分呈现出来，这成为今后一个相当长的时期内经济发展面临的主要障碍。中国在成功跨越低水平的贫困陷阱之后，能否在经济新常态下成功跨越中等收入陷阱，关键在于要实现经济增长从"量"向"质"的转变，从而为更高水平的发展开辟道路。

经济增长质量就是经济增长过程中由经济增长带来的可行能力的提升，它的本质强调的其实是经济发展当"以人为本"。社会正是由无数个微观个体所构成的，既然是"以人为本"，那么首先就应该从微观个体出发，了解其所处的经济、社会环境是如何影响个人可行能力的，以从中甄别出经济增长带来的那部分提升。

经济增长质量是一个宏观概念，而可行能力理论出发的基本点是微观个体的生活水平，看似不匹配，但是整个社会正是由无数个微观个体所构成的，因此也可以将经济增长质量暂时看作经济增长对社会一般个体带来的可行能力的提升。从微观层面考察个人的可行能力，与从宏观方面考察整个社会的可行能力，两者之间关注的焦点必然有所不同①。微观层面，人们的可行能力会由于身份、年龄、户籍等个人特征不同而不同，也会因为其所处的具体环境不同而不同，因此，从微观层面考察可行能力会获得更多关于如何提高人们可行能力，或者进一步提升经济增长质量的信息。另外，由于微观调研数据的详尽性，本书可以更全面地衡量人们的可行能力。因此，本章先从微观个体的可行能力出发，在讨论经济增长、个人特征、社会条件、环境因素与可行能力关系的基础上，给出经济增长质量的分析框架及其测算方式。

第二节　模型、方法与数据

一　模型与方法

既然经济增长质量是蕴含于增长过程之中的发展，是由增长带来的可行能力的提高，那么，首先必须厘清经济增长如何提升人们的可行能力。

以下 Sen 的可行能力理论的规范分析框架来自 Kuklys（2005）和 Kuklys、Robeyns（2005）。假设 X_i 表示个人 i 拥有的所有可能的商品集（或者说资源），$x_i \in X_i$，这些商品拥有的特质 $c(x_i)$（比如自行车会移动的特质）可以被个人用来实现他们的功能性活动 y_i（比如出行）。商品的特质对于每一个人

---

① 关于这一点，第五章会进一步论述。

而言都是一样的，但是这些特质能够被多大程度的转换为功能性活动则受到各种因素的影响，这些因素就是转换因素。转换因素可以分为三类，分别是个人方面的转换因素z_i、社会方面的转换因素z_s和环境方面的转换因素z_e（Robeyns，2011）。个人方面的转换因素即个人内在的特征，比如性别、智力、身体状况等；社会方面的转换因素主要是指人们居住的社会人文环境，比如社会准则、公共政策、社会歧视等；环境方面的转换因素包含两类，一类是自然环境，比如气候、污染、自然灾害等，另一类是人们建造的，比如道路、桥梁、通信设施等（Robeyns，2011）。假设f_i表示人们利用商品的特质实现功能性活动的转换函数，F_i是所有可供选择的转换函数的集合，$f_i \in F_i$，则有如下函数：

$$y_i = f_i [c(x_i) \mid z_i, z_s, z_e] \qquad (4-1)$$

可行能力y_i^*是个人i所有可行的功能性活动的集合，因此可行能力可以表示为：

$$y_i^*(x_i) = \{ y_i \mid y_i = f_i [c(x_i) \mid z_i, z_s, z_e],$$
$$\forall\, x_i \in X_i, \forall\, f_i \in F_i \} \qquad (4-2)$$

那么，经济增长如何影响发展呢？Ranis et al.（2000）认为经济增长主要是为促进发展提供了各种丰富的可用资源。同样的经济增长水平下，这种促进作用的大小取决于这些资源中究竟有多少被用于实现发展，比如经济增长有利于提高劳动报酬还是资本收益？

将上述经济增长影响发展的理论与可行能力理论相结合可知，经济增长主要通过以下两个途径影响可行能力：就资源方面而言，经济增长可以提高个人和家庭的收入水平，即增加了个人可能掌握的资源，从而提升了个人的可行能力；就转换因素方面而言，经济增长可以促进道路、桥梁、通信设施等基础设施的建设，增加医疗、卫生等公共服务的供给，改善人们的物质生活环境，从而提升个人的可行能力。

但是，经济增长对于可行能力的提升这一过程并不会自动实现。经济增长带来的可行能力的提升，一方面取决于经济增长的水平（在其他条件不变的情况下，经济增长水平越高，意味着越多的资源用于发展），另一方面取决于单位经济增长水平带来的可行能力的提升程度，这既由经济增长过程自身的特点（比如经济增长结构、经济增长模式等）决定，也受经济增长之外的社会、环境因素的影响。本章所关注的经济增长质量是在排除了社会、环境等因素之后，由经济增长本身（包括经济增长水平以及经济增长过程的自身特点）所带来的可行能力的提升。

因此，本章将经济增长纳入原有的可行能力的分析框架中，将可行能力的影响因素重新划分为以下几类：收入 I_i（作为个人所拥有的资源的代理变量）、个人特征 z_i、经济增长 z_g、社会条件 z_s 和环境因素 z_e。至此，可将可行能力重新表述如下：

$$y_i^*(I_i) = \{y_i \mid y_i = f_i[c(I_i) \mid z_i, z_g, z_s, z_e], \forall f_i \in F_i\} \quad (4-3)$$

在这个模型中，很多因素都是不可观测的：被用来实现功能性活动的商品特质 $c(z_i)$，将商品特质转化为功能性活动的转换函数 f_i，以及所有可供选择的转换函数的集合 F_i。能够观测到的只有个人拥有的商品集合以及其已经实现了的功能性活动。既然无法观测到个人潜在可能实现的所有的功能性活动，也就无法观测到个人的可行能力集合，因而很难找到有效的变量对可行能力进行直接衡量。一般常用的计量分析方法在进行实证分析时会面临较大的困难，只能通过可观测到的各种功能性活动来间接地衡量可行能力。在相关研究中，一些研究者通常采用主成分分析法或因子分析法处理多维度的变量，将各个维度的可观测变量综合成一个指数来表示那些不能直接观测到的变量（Lai，2003；Rossouw、Naudé，2008；Binder、Coad，2011）。主成分分析法是利用这些观测变量的一个线性组合来衡量这些观测变量所包含的变异信息，是一种有效的数据降维手段，然而它缺少潜在的解释模型。因子分析法是将观测变量看作潜变量（不可观测的变量）的函数，在此基础上估计出潜变量的因子得分作为潜变量的值。相比于主成分分析法，因子分析法虽然有了模型解释，但不能同时考察那些潜变量的影响因素（Krishnakumar，2007；Krishnakumar、Nagar，2008）。

本章借鉴 Anand et al.（2011）、Krishnakumar、Ballon（2008）的方法，运用结构方程模型，将可行能力表示为潜变量。结构方程模型结合了验证式因子分析和路径分析两种方法，不仅便于衡量可行能力，而且便于分析经济增长等因素与可行能力之间的关系，进而为本章从可行能力视角评价经济增长质量提供了有效的工具。

令 y 表示功能性活动向量，y^* 表示可行能力向量，z 表示影响可行能力的各种因素（包括收入 I_i、个人特征 z_i、经济增长z_g、社会条件z_s和环境因素z_e），z^*表示z的潜变量①，本书的结构方程模型建立如下：

$$Ay^* + Bz^* + u = 0 \qquad (4-4)$$

$$y = \Lambda y^* + \varepsilon \qquad (4-5)$$

$$z = Yz^* + \epsilon \qquad (4-6)$$

其中（4-4）式是结构模型，（4-5）式和（4-6）式是测量模型，u、ε和ϵ是相应的误差项，满足$V(u) = \Sigma$，$V(\varepsilon) = \Psi$，$V(\epsilon) = \xi$；A、B、Λ和Y是待估参数。

根据 Krishnakumar、Nagar（2008）可知，y^*的潜变量得分的估计值为：

$$\hat{y}^* = [I - A^{-1} \Sigma A^{-1\prime} \Lambda (\Lambda' A^{-1} \Sigma A^{-1\prime} \Lambda' + \Psi)^{-1} \Lambda] A^{-1} Bz_i +$$
$$A^{-1} \Sigma A^{-1} \Lambda' (\Lambda' A^{-1} \Sigma A^{-1\prime} \Lambda' + \Psi)^{-1} y_i \qquad (4-7)$$

由（4-7）式可知，$\hat{y}^*$中由z贡献的量为$[I - A^{-1} \Sigma A^{-1\prime} \Lambda (\Lambda' A^{-1} \Sigma A^{-1\prime} \Lambda' + \Psi)^{-1} \Lambda] A^{-1} Bz_i$。回顾本书中对经济增长质量的定义——经济增长质量即经济增长所带来的可行能力的提升，因此，可利用（4-7）式计算$\hat{y}^*$中由经济增长贡献的量，即经济增长质量。

二 变量选择与数据

在具体运用模型之前，还需要确定可行能力的维度。在 Sen 看来，可行能力可以用于衡量贫困、人类发展等不同的指标；在不同目的的评价中，可行能力所包含的维度也应该有所

———————

① 为了简化模型，本书在可行能力的影响因素z中也引入了潜变量，具体情况会在下文的变量选择中介绍。

不同。因而，他拒绝给出一个固定的最终的可行能力列表（Sen，2004）。后续大量的实证研究都是根据研究目的和数据的可得性来确定可行能力的维度。比如，Anand et al.（2011）专门设计问卷，采用了健康、政治表达自由、政治参与自由、信仰自由、思想自由、安全感、环境和社会关系、工作中和工作外的歧视等维度；Binder、Coad（2011）采用的可行能力维度包括幸福、健康、有充足的营养、自由出行、合适的住所、满意的社会关系、物质福利等。与 Sen 一起创办"人类发展与可行能力研究会（HDCA）"的 Nussbaum（2003）专门讨论了可行能力的维度问题，提出了一个核心的人类可行能力列表。本章参照 Nussbaum（2003）可行能力列表，结合数据的可得性，选定充足营养、知识水平、居住质量（居住的基本服务及房屋质量）、生活环境、闲暇活动、自由出行 6 个维度，来考察人们的可行能力。每个维度的观测指标的含义及处理方式如表 4 - 1 所示，统计分析如表 4 - 2 所示。本书将在实证分析部分集中讨论这些观测指标对相应维度的测量质量。

表 4 - 1　各维度的具体指标及处理方式

可行能力维度	功能性活动（观测指标）	对应问卷中的问题（简化的）	处理方式
充足营养	摄入营养的种类	最近一个月食用哪些食物（肉、鱼、新鲜蔬菜水果、奶制品、豆制品、蛋类）？	变量直接表示摄入这些食物的种类
	每周吃肉的次数	平均每周吃肉多少次？	直接表示吃肉次数
	每周吃鱼的次数	平均每周吃鱼多少次？	直接表示吃鱼次数

续表

可行能力维度	功能性活动（观测指标）	对应问卷中的问题（简化的）	处理方式
知识水平	数学能力	问卷中有数学能力测试的得分？	数据库中原有变量
	识字能力	问卷中有识字能力测试的得分？	
自由出行	是否坐过火车和飞机	是否坐过火车和飞机？	0＝都没坐过，1＝只坐过火车，2＝两种都坐过
	是否去过港澳台或出过国	是否去过港澳台或出过国？	0＝都没去过，1＝只去过港澳台，2＝都去过
	日常出行工具	日常出行最常用的两种交通方式？	两种选择按最高等级排序：0＝畜力车、步行，1＝公汽、地铁、自行车、电动自行车、摩托车、农用机动车，2＝出租车，3＝私家车，4＝单位车
生活环境	距最近医疗点的时间	距最近医疗点的时间？	直接表示时间（分钟）
	距最近商业中心的时间	距最近商业中心的时间？	直接表示时间（分钟）
	距最近高中的距离	距最近高中的距离？	直接表示距离（公里）
闲暇活动	健身体育锻炼的频率	闲暇时健身体育锻炼的频率？	0＝没有，1＝几个月1次
	闲暇时外出就餐的频率	闲暇时外出就餐的频率？	2＝一月1次，3＝一月几次
	闲暇时阅读的频率	闲暇时阅读的频率？	4＝一周几次，5＝几乎每天

续表

可行能力维度	功能性活动（观测指标）	对应问卷中的问题（简化的）	处理方式
居住质量	住房类型	您家现居房屋的类型是什么？（平房指茅草屋、砖瓦房、土坯房等，四合院指口字形的平房）	0＝平房、四合院、其他，1＝单元房、小楼房，2＝别墅和联排别墅
	做饭用水种类	您家做饭用的水主要是？	0＝其他，1＝井水、山泉水，2＝自来水，3＝矿泉水、纯净水、过滤水
	做饭燃料种类	您家做饭用的主要燃料是？	0＝其他，1＝柴草，2＝煤炭、沼气，3＝煤气、液化气、天然气、电
	卫生间类型	您家的厕所或者卫生间是什么类型？	0＝居室外非冲水公厕和其他，1＝居室外非冲水厕所，2＝居室内非冲水厕所，3＝居室外冲水公厕，4＝居室内冲水厕所
	垃圾处理方式	您家的垃圾倒在哪里？	0＝垃圾在附近河沟住房周围随处倒或其他，1＝公共垃圾箱，2＝楼房垃圾道或有专人收集

根据前文的模型分析以及可得数据，关于影响可行能力的外生变量，本书选择如下观测指标（这些外生变量的描述性统计见表4－3）。

（1）微观层面的收入，选取个人收入和家庭人均收入作为个人拥有资源的代理变量。

（2）个人特征方面，主要包括受教育年限、性别、年龄、户口、居住地（城乡）。

（3）经济增长，这是本章的核心变量。本章用人均GDP表示经济增长。正如前文分析，虽然人均GDP仅表示经济增长水平，但是它对可行能力产生的偏效应（即单位经济增长水平带来的可行能力的提升）本身与经济增长自身的特征密切相关，不同的增长特征会对可行能力产生不同的影响。另外，考虑到经济增长对可行能力的提升效应可能是边际递减的，本章在模型中使用了人均GDP的平方项。

（4）社会条件方面，本章选取基尼系数、大专及以上人口比例、城市人口密度，以及反映政府行为的相关变量。在收入不平等比较严重的地区，暴力、缺乏信任等社会问题通常也比较严重（Wilkinson、Pickett，2009），因此本章预计基尼系数对可行能力的影响为负；较高的公众道德水平将有利于个人发展；过高的城市人口密度，意味着人均资源比较稀缺，可能影响人们的生活质量。在政府行为方面，本章采用人均教育财政支出、人均医疗卫生财政支出、人均社会保障就业财政支出衡量地方政府在促进个人发展方面的财政支出水平。

表4-2 可行能力维度的观测指标的描述性统计

可行能力维度	观测指标	观测数目	均值	标准差	最小值	最大值
充足营养	摄入营养的种类	27102	4.0650	1.5078	0	6
	每周吃肉的次数	27102	3.9213	4.2165	0	21
	每周吃鱼的次数	27102	1.4969	2.6502	0	21
知识水平	数学能力	27102	9.8316	6.5405	0	24
	识字能力	27102	16.8611	10.6448	0	34

续表

可行能力维度	观测指标	观测数目	均值	标准差	最小值	最大值
居住质量	住房类型	27102	0.4489	0.5126	0	2
	做饭用水种类	27102	1.5617	0.5755	0	3
	做饭燃料种类	27102	2.1253	0.9403	0	3
	卫生间类型	27102	2.5626	2.0064	0	5
	垃圾处理方式	27102	0.6045	0.7017	0	2
生活环境	距最近医疗点的时间	27102	12.2317	15.2163	1	180
	距最近高中的距离	27102	13.9085	19.1186	0.013	200
	距最近商业中心的时间	27102	26.7325	28.6151	1	300
闲暇活动	健身体育锻炼的频率	27102	0.7958	1.7603	0	5
	闲暇时外出就餐的频率	27102	0.5616	1.2219	0	5
	闲暇时阅读的频率	27102	1.1387	1.9857	0	5
自由出行	是否坐过火车和飞机	27102	0.8312	0.6331	0	2
	是否去过港澳台或出过国	27102	0.0785	0.3568	0	2
	日常出行工具	27102	0.9890	0.6764	0	4

（5）环境因素方面，选取自然灾害受灾死亡人口来衡量地区面临的自然环境的威胁。为了简化模型，本章引入基础设施水平的潜变量来综合衡量各种基础设施（比如水、气、交通等生产性基础设施以及绿地、医疗、教育等社会性基础设施）对可行能力的影响。

本章模型的路径分析如图4-1所示。其中，椭圆形表示潜变量，矩形表示观测变量，箭头所指的为因变量，箭尾所连接的为自变量。简言之，充足营养、知识水平等6个维度所能

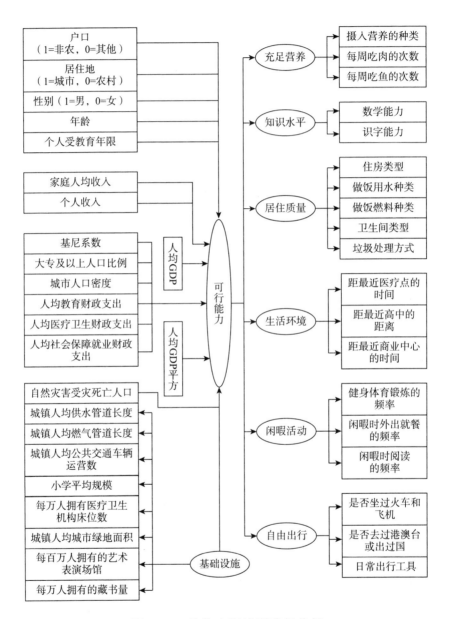

图 4 - 1　结构方程模型路径分析

注：由于空间所限，图中省略了各变量间的相关关系以及误差项。

够实现的功能性活动取决于个人的可行能力集的范围，而可行能力集的边界则受个人收入（拥有的资源）、个人特征、经济增长、社会条件和环境因素的影响。

本章使用的微观数据来自北京大学中国社会科学调查中心"中国家庭追踪调查（CFPS）"。CFPS 重点关注中国居民的经济与非经济福利，以及包括经济活动、教育获得、家庭关系与家庭动态、人口迁移、身心健康等在内的诸多研究主题。2010 年的基线调查覆盖了 25 个省份（不含香港、澳门、台湾以及新疆维吾尔自治区、西藏自治区、青海省、内蒙古自治区、宁夏回族自治区、海南省），14960 户家庭，33600 名成人和 8990 名少儿。本章使用的数据来自 CFPS 中 2010 年的第一次全国基线调查的成人数据库和家庭数据库，样本只包含 16 岁及以上的非在校人员，有效样本为 27102 个。

表 4 - 3 外生解释变量的描述性统计

变量	观测数目	均值	标准差	最小值	最大值	数据来源
个人收入（万元）	27102	1.0356	2.0296	0.0000	80.0000	CFPS 2010 年成人数据库和家庭数据库
家庭人均收入（万元）	27102	1.0503	1.6745	0.0103	100.000	
个人受教育年限（年）	27102	6.2233	4.9151	0.0000	22.0000	
年龄（岁）	27102	46.5910	15.1830	16.0000	101.000	
性别（1 = 男，0 = 女）	27102	0.4918	0.4999	0.0000	1.0000	
居住地（1 = 城市，0 = 农村）	27102	0.4772	0.4995	0.0000	1.0000	
户口（1 = 非农，0 = 其他）	27102	0.3055	0.4606	0.0000	1.0000	
人均 GDP（万元）	27102	4.3333	5.4299	0.3171	32.0026	CFPS 区县数据
人均 GDP 的平方	27102	48.2607	128.9825	0.1006	1024.167	

变量	观测数目	均值	标准差	最小值	最大值	数据来源
基尼系数	27102	0.4202	0.0722	0.2580	0.7145	由 CFPS 数据计算
大专及以上人口比例（%）	27102	8.4730	8.4776	0.0000	46.4088	
城市人口密度（人/平方公里）	27102	3132.788	1228.503	1383.00	5506.000	
人均教育财政支出（元/人）	27102	926.3289	338.6340	613.5464	2294.699	
人均医疗卫生财政支出（元/人）	27102	373.5391	123.2305	261.5457	952.1917	
人均社会保障就业财政支出（元/人）	27102	780.1197	368.2764	378.9058	1574.294	
自然灾害受灾死亡人口（人）	27102	258.7174	484.6872	0.0000	1600.000	
城镇人均供水管道长度（公里/万人）	27102	7.6689	3.7907	2.8824	15.7889	《中国区域经济统计年鉴（2011）》
城镇人均燃气管道长度（公里/万人）	27102	4.5342	2.7644	1.6422	11.3551	
城镇人均公共交通车辆运营数（辆/万人）	27102	5.7354	1.8603	3.1872	14.2414	
小学平均规模（人/小学）	27102	436.2247	207.283	204.6629	915.8982	
每万人拥有医疗卫生机构床位数（张）	27102	39.9061	12.9454	25.1000	74.4000	
城镇人均城市绿地面积（公顷/万人）	27102	30.2920	15.4028	15.2504	60.8350	
每百万人拥有的艺术表演场馆（个）	27102	1.6721	1.0493	0.2012	4.4428	
每万人拥有的藏书量（千册）	27102	6.3412	7.5943	1.9534	29.5645	

人均 GDP 的数据来自 CFPS 提供的 2010 年的区县数据库；基尼系数和大专及以上人口比例是根据 CFPS 中 2010 年的成人数据库和家庭数据库计算而得。这三个变量都可以匹配到区县

一级。为了保护受访者个人信息安全，CFPS 屏蔽了省级以下的地址代码，因此其他的宏观变量只能匹配到省一级。本章的省级宏观变量来自《中国区域经济统计年鉴（2011）》。

第三节　实证分析及其结果

模型估计采用 AMOS 软件，选用极大似然估计法（ML）。虽然 ML 估计要求假设观测指标正态分布，但许多研究指出，即使在不满足正态假定的情况下，ML 估计的结论仍然是可信的，只不过在大样本的情况下会造成卡方值膨胀，模型适配度检验会不精确（侯杰泰等，2004）。为此，本书采用 Bollen - Stine Bootstrap 对卡方值等模型适配度参数进行修正[1]（Bollen、Stine，1992）。

一　测量模型的实证结果

观测变量对潜变量的测量质量是结构方程模型分析的基础。尤其是在本章中，所选指标能否较好地反映可行能力，极大影响了经济增长质量测量结果的质量好坏。本章得出测量模型的实证结果。

表 4 - 4 给出了可行能力测量模型的模型适配度参数。模型适配度是为了评价假设的理论模型与实际数据的一致性程度。其中，模型 1 为一阶构面全相关模型（可行能力各维度非

---

[1]　由于篇幅所限，书中报告的模型适配度参数都是 Bollen - Stine Bootstrap 修正后的结果。关于 Bollen - Stine Bootstrap，可参考 Bollen、Stine（1992）的文章。

合成并且完全相关的模型），模型 2 为二阶构面模型（将各个维度合成一个可行能力指标的模型）。结果显示，两个模型的 *GFI*、*AGFI*、*NNFI*、*RMSEA* 都符合评价标准，说明可行能力测量模型的整体拟合情况良好。由表 4 – 4 可知，目标系数（一阶构面全相关模型卡方值比二阶构面模型卡方值）为 0.9502，很接近 1，说明二阶构面比一阶构面更具有代表性。可见，出于简化模型的目的，将可行能力各维度合成一个可行能力指标是合适的。

表 4 – 5 是可行能力测量模型的估计结果，用以检验所选取的功能性活动指标反映相关的可行能力水平。所有观测指标的估计系数都在 1% 的显著性水平上显著。观测指标中，生活环境维度的三个指标为逆向指标，因此生活环境维度的系数为负；除了这三个指标外，其他的指标都是正向指标，因此这些维度的估计系数都为正。

表 4 – 4　可行能力测量模型的模型适配度参数

模型适配度参数	$Bollen-Stine\ Chi^2$	DF	$\dfrac{Chi^2}{DF}$	GFI	$AGFI$	$NNFI$	CFI	$RMSEA$
评价标准	---	--	1 – 3	>0.9	>0.9	>0.9	>0.9	<0.08
模型 1	132.4108	131	1.0108	0.9991	0.9976	0.9999	0.9999	0.0006
模型 2	139.3443	138	1.0097	0.9991	0.9976	0.9999	0.9999	0.0006

注：模型 1 为一阶构面全相关模型，模型 2 为二阶构面模型。

标准化估计系数就是因子载荷。因子载荷大于 0.5，表示用该指标反映潜变量的质量是比较好的。在可行能力潜变量方面，所有维度的因子载荷都大于 0.5，说明这 6 个维度反映可行能力是比较好的。就这 6 个具体维度的潜变量而言，大部分观测指标的因子载荷是大于 0.5 的，只有小部分观测指标的因子载荷低于 0.5。虽然这些观测指标的因子载荷比较小，但是系数显著。且由于数据的限制，还没有其他指标可以替代。

组合信度展现每个维度下观测指标共同衡量相应的潜变量的质量。组合信度大于 0.6，表示观测指标有着较高的内在一致性。从表 4 - 5 可以看出，大部分维度下的组合信度都是大于 0.6 的。闲暇活动这一维度下的组合信度略低于 0.6，自由出行这一维度，组合信度稍显不足。但在可行能力潜变量层面，6 个维度的组合信度为 0.7937，说明 6 个维度共同衡量可行能力的质量还是比较好的。

表 4 - 5　可行能力测量模型的估计结果及组合信度

潜变量	观测指标	估计系数	标准误	P 值	标准化系数	组合信度
可行能力	充足营养	1.0000		***	0.7956	0.7937
	知识水平	4.3191	0.0674	***	0.6263	
	居住质量	0.2870	0.0046	***	0.7795	
	生活环境	- 5.4163	0.1107	***	- 0.5264	
	闲暇活动	0.7202	0.0146	***	0.7904	
	自由出行	0.3821	0.0062	***	0.8162	
充足营养	摄入营养的种类	1.0000			0.7379	0.6168
	每周吃肉的次数	1.9673	0.0315	***	0.5191	
	每周吃鱼的次数	1.2047	0.0197	***	0.5057	
知识水平	数学能力	1.0000			0.9332	0.9013
	识字能力	1.5306	0.0105	***	0.8776	

潜变量	观测指标	估计系数	标准误	P 值	标准化系数	组合信度
居住质量	住房类型	1.0000			0.6358	0.8163
	做饭用水种类	1.0210	0.0149	***	0.5781	
	做饭燃料种类	2.2355	0.0268	***	0.7747	
	卫生间类型	4.5916	0.0437	***	0.7457	
	垃圾处理方式	1.4791	0.0185	***	0.6868	
生活环境	距最近医疗点的时间	1.0000			0.5986	0.6837
	距最近商业中心的时间	2.3457	0.0293	***	0.7466	
	距最近高中的距离	1.2412	0.0199	***	0.5913	
闲暇活动	健身体育锻炼的频率	1.0000			0.4582	0.5598
	闲暇时阅读的频率	1.7088	0.0287	***	0.6940	
	闲暇时外出就餐的频率	0.7182	0.0144	***	0.4752	
自由出行	是否坐过火车和飞机	1.0000			0.6546	0.4944
	是否去过港澳台或出过国	0.3496	0.0069	***	0.4060	
	日常出行工具	0.6793	0.0147	***	0.4170	

注：*** 表示 1% 的显著性水平。

总之，可行能力测量模型整体适配情况良好，估计系数显著且合理，而且大部分因子载荷和组合信度也符合要求，说明选取的这些具体维度及功能性活动观测指标可以较好地衡量可行能力。

在模型的外生解释变量中，除了基础设施是由道路、医院等合成的抽象的潜变量之外，其余所有的外生变量都是可以直接观察的。因此，有必要单独讨论基础设施这个外生潜变量的测量质量。表 4 - 6 和表 4 - 7 分别给出了基础设施潜变量测量模型的模型适配度参数和相关系数的估计结果。由表 4 - 6 可知，模型适配度参数均符合要求，说明模型整体适配情况良好。由表 4 - 7 可知，所有观测指标的估计系数均在 1% 的显著性水平上显著，因子载荷均大于 0.5，并且组合信度在 0.9 以上。因此，无论是单个观测指标对基础设施潜变量的测量，还是所有观测指标的内在一致性，质量都是很高的。

表 4 - 6　基础设施测量模型的模型适配度参数

模型适配度参数	$Bollen - Stine\ Chi^2$	DF	$\dfrac{Chi^2}{DF}$	GFI	$AGFI$	$NNFI$	CFI	$RMSEA$
评价标准	----	--	1 - 3	>0.9	>0.9	>0.9	>0.9	<0.08
模型结果	24.8973	16	1.5561	0.9999	0.9996	0.9999	0.9999	0.0045

表 4 - 7　基础设施测量模型的估计结果及组合信度

潜变量	观测指标	估计系数	标准误	P 值	标准化系数	组合信度
基础设施	城镇人均供水管道长度	1.0000			0.9093	0.9576
	城镇人均燃气管道长度	0.6663	0.0040	***	0.8308	
	城镇人均公共交通车辆运营数	0.4874	0.0021	***	0.9030	
	小学平均规模	50.0454	0.2543	***	0.8322	
	每万人拥有医疗卫生机构床位数	3.4802	0.0149	***	0.9266	
	城镇人均城市绿地面积	3.4530	0.0200	***	0.7727	
	每百万人拥有的艺术表演场馆	0.2333	0.0015	***	0.7663	
	每万人拥有的藏书量	2.0265	0.0084	***	0.9198	

注：*** 表示 1% 的显著性水平。

综上，无论是内生潜变量可行能力，还是外生潜变量基础设施，文章选取的指标都能够较好地衡量这两个潜变量，这为下文的路径分析奠定了良好的基础。

二　结构模型的实证结果

经济增长质量即蕴含于经济增长过程之中并且由经济增长带来的可行能力的提升，要测量经济增长质量，首先要明确经济增长对可行能力带来的影响。因此，接下来本章基于全国样本数据分析可行能力的影响因素，并计算经济增长质量。

表4-8给出的是全样本模型的模型适配度参数。各项指标均符合评价标准，说明模型的整体适配情况良好。

表4-8　全样本模型的模型适配度参数

模型适配度参数	$Bollen\text{-}Stine\ Chi^2$	DF	$\frac{Chi^2}{DF}$	GFI	$AGFI$	$NNFI$	CFI	$RMSEA$
评价标准	---	--	1-3	>0.9	>0.9	>0.9	>0.9	<0.08
模型结果	945.2698	810	1.1670	0.9991	0.9978	0.9999	0.9999	0.0025

表4-9给出的是全样本模型中结构模型的部分结果。从微观方面而言，个人收入、家庭人均收入和受教育年限对可行能力有显著的正向影响。收入越高意味着可支配的资源越多，可行能力就越高[1]。较高的受教育年限，一方面有利于提升个

---

[1] 如表4-10所示，全国27102个样本中，可行能力得分（潜变量的估计值）最大值为4.1752，最小值为-0.3904，均值为1.6932。可行能力得分是没有具体单位的，因此表4-9和表4-14中各个解释变量的估计系数（即偏效应）从数值上来看虽然很小，但实际表示的变动程度相对全部样本的可行能力得分而言并不像数值上看起来那么小。

人收入，另一方面则意味着个人拥有更多的知识，可以更好地将资源转化为各种功能性活动。从表4-9也可看到，受教育年限每增加1年，可行能力提升0.088928个单位。值得注意的是，受教育年限每提高1个标准差，可行能力就提高0.835835个标准差，远大于其他变量所带来的变化，说明受教育年限对可行能力的影响在这些变量中是相对最重要的。另外，从表4-9可知，平均而言，男性比女性、城市居民比农村居民、非农户籍人口比农业户籍人口的可行能力分别高出0.070768个、0.104398个、0.122088个单位。这些群体之间的差异，尤其以户籍身份和城乡常住最为突出，这两个变量每变动一个标准差，可行能力分别变动0.108381个和0.100116个标准差。这说明我国人口的可行能力分布存在着显著的三元结构，可行能力由高到低依次是：城市户籍的城市常住人口、农村户籍城市常住人口、农村户籍的农村常住人口。这一分布与我国经济社会发展的三元结构基本契合。

表4-9　全样本结构模型的估计结果

	可行能力			
	估计系数	标准误	P 值	标准化估计系数
个人收入（万元）	0.009515	0.000894	***	0.03715
家庭人均收入（万元）	0.013771	0.001092	***	0.044417
个人受教育年限（年）	0.088928	0.001529	***	0.835835
年龄（岁）	-0.0028	0.000123	***	-0.08199
性别（1=男，0=女）	0.070768	0.003337	***	0.068184

续表

	可行能力			
	估计系数	标准误	P 值	标准化估计系数
居住地（1 = 城市，0 = 农村）	0.104398	0.004541	***	0.100116
户口（1 = 非农，0 = 其他）	0.122088	0.005047	***	0.108381
人均 GDP（万元）	0.012438	0.001301	***	0.112337
人均 GDP 的平方	− 0.00034	0.000045	***	− 0.08419
基尼系数	− 0.12558	0.02206	***	− 0.01747
大专及以上人口比例（%）	0.003967	0.000288	***	0.065503
城市人口密度（人/平方公里）	− 0.000002	0.000001	*	− 0.00567
人均教育财政支出（元/人）	0.000053	0.00002	***	0.034358
人均医疗卫生财政支出（元/人）	− 0.00026	0.000043	***	− 0.06217
人均社会保障就业财政支出（元/人）	− 0.000071	0.000008	***	− 0.05028
自然灾害受灾死亡人口（人）	− 0.000016	0.000004	***	− 0.01493
基础设施（潜变量）	0.012791	0.001497	***	0.084748
样本数	27102			

注：***，**，*分别表示1%、5%、10%的显著性水平。

从宏观方面来看，人均 GDP 对可行能力的影响显著为正。在人均 GDP 样本均值为 4.3333 万元的情况下，人均 GDP 每提高 10000 元，可行能力提高 0.000949 个单位。这就验证了本章之前的理论分析，即经济增长水平越高，可用于促进发展方面的资源就越丰富，越有利于提升人们的可行能力。人均 GDP 的平方项显著为负，显示经济增长与可行能力之间呈现倒 U 形关系。这说明经济增长质量与经济增长水平之间并非简单的线性关系，在其他因素不变的情况下，经济增长并不能总是产生积极的发展效应，过度追求 GDP 反而会偏离发展的根本目的，并不能提升人们的可行能力。社会条件方面，基尼系数对可行能力的影响显著为负。这说明收入分配状况恶化会带来较多的社会问题，不利于人们可行能力的提升。基尼系数每上升0.01，就会导致可行能力下降 0.001256 个单位，这足以抵消人均 GDP 在均值附近增加 1000 元所带来的正效应。因此，从提升个人可行能力的角度而言，追求经济增长的同时必须控制收入差距的恶化。大专及以上人口比例每提高 1 个百分点，就会带来 0.003967 个单位可行能力的提升，意味着周围环境中较多的高素质人群会产生正的外部效应，有利于人们可行能力的提升。城市人口密度对可行能力显著为负的影响，说明过于拥挤的城市空间不利于提升人们的生活质量。

环境因素方面，自然灾害受灾死亡人口越高，说明受灾程度越深，自然环境的威胁越大，越不利于个人发展。表 4 - 9中的结果证明了这一点：自然灾害受灾死亡人口每增加 100人，可行能力就会下降 0.0016 个单位。基础设施潜变量对可行能力的影响显著为正，并且其标准化系数较大，说明在经济增长过程中，基础设施的改善对可行能力的提高是非常重要的。

三　经济增长质量的测度及其区域比较

经济增长质量即经济增长带来的可行能力的提升。上文已经甄别出来经济增长对可行能力的影响，接下来就是在此基础上测算经济增长质量。

（一）可行能力得分和经济增长质量的测度

本章中，可行能力由潜变量表示，因此，首先要根据模型估计出可行能力的潜变量得分，用以量化可行能力。全国和东部、中部、西部可行能力得分情况如表 4 - 10 所示。全国可行能力得分均值为 1. 6932，最小值为 - 0. 3904，最大值为 4. 1752。三大地区人均可行能力得分，东部最高，西部最低，说明东部地区人们的生活水平最高，西部最低。图 4 - 2 描绘了全国和三个地区以及 5 个代表省份（CFPS 中抽取的 5 个大省样本，其他都是小省样本）的可行能力得分的分布情况。其中，全国和三大地区的可行能力得分的中位数都小于均值，说

表 4 - 10　全国和东部、中部、西部可行
能力得分的描述性统计

	样本数	均值	标准差	最小值	最大值
全国	27102	1. 6932	0. 7756	- 0. 3904	4. 1752
东部	11574	1. 9728	0. 7411	0. 2123	4. 1752
中部	8035	1. 7022	0. 6910	0. 0333	4. 0373
西部	7493	1. 2518	0. 7069	- 0. 3904	3. 7880

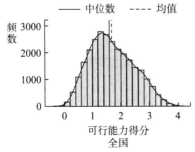

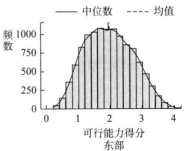

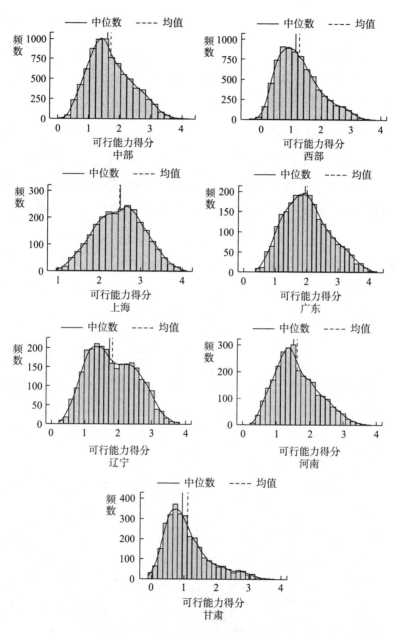

图 4-2 可行能力得分分布情况

明大多数人的可行能力仍然集中在较低水平，但是东部地区相对分布更加均衡。上海、广东、辽宁、河南、甘肃的可行能力得分的均值逐渐降低；从分布情况来看，除了上海之外，广东、辽宁、河南、甘肃的可行能力得分的中位数都要小于均值，说明这些省份大多数人生活水平是较低的，并且经济越落后的地方，两者的偏离也越大，即可行能力在人群中的分布越不均衡。

表 4-11 利用可行能力得分及各个维度得分的均值对各个省份进行了排名。可以发现，人均 GDP 排名靠前，并不一定意味着可行能力的排名也是靠前的，也就说经济增长和人的发展并不是同步的。可行能力得分比较高的地区依次是北京、上海、浙江、天津和湖南，排名倒数的依次是重庆、云南、四川、甘肃和贵州。

表 4-11 各省份可行能力得分排名

省份	人均GDP	可行能力	排名之差	充足营养	居住质量	生活环境	知识水平	闲暇活动	自由出行
北京	2	1	1	1	2	1	1	1	1
上海	1	2	-1	2	1	3	2	2	2
浙江	5	3	2	3	3	5	8	5	5
天津	3	4	-1	6	4	2	3	4	3
湖南	17	5	12	4	7	6	4	3	4
湖北	12	6	6	8	8	11	5	6	6
江苏	4	7	-3	7	5	4	11	7	7
广东	6	8	-2	5	6	7	14	9	10
黑龙江	15	9	6	10	10	15	7	8	8
辽宁	7	10	-3	12	11	12	6	10	9

续表

省份	人均GDP	可行能力	排名之差	充足营养	居住质量	生活环境	知识水平	闲暇活动	自由出行
福建	9	11	-2	9	9	8	21	14	14
河南	18	12	6	17	14	9	10	11	12
安徽	21	13	8	11	16	13	17	13	15
江西	19	14	5	13	13	17	19	19	13
吉林	10	15	-5	16	18	19	12	17	11
河北	11	16	-5	22	19	14	9	16	18
陕西	14	17	-3	21	20	18	15	12	16
山东	8	18	-10	18	21	10	16	20	20
山西	16	19	-3	23	17	16	13	15	17
广西	22	20	2	14	15	20	18	18	22
重庆	13	21	-8	19	12	24	20	21	19
云南	24	22	2	15	24	21	24	22	21
四川	20	23	-3	20	22	23	23	23	23
甘肃	23	24	-1	25	25	22	22	22	24
贵州	25	25	0	24	23	25	25	25	25

注：表中"排名之差"为人均 GDP 和可行能力排名之差。

　　财富的积累对于实现人们的发展目标很重要。但财富可以用来购买武器，也可以用来提高教育、卫生、医疗等水平，因此，比量的积累更重要的是这些财富能否有效为人们发展目标的实现而服务。表 4-11 中，人均 GDP 的排名和可行能力之间的排名差反映了一个地区有效地将 GDP 转化为个人的可行能力的水平。负值表示该地区不能有效地将 GDP 转化为个人的可行能力，这样的省份有上海、天津、江苏、广东、辽宁、福建、吉林、河北、陕西、山东、山西、重庆、四川、甘肃，其中东部沿海地区差不多占了一半。这说明，虽然东部地区在经济增长和可行能力方面都表现较好，但是相对而言，东部地区的经济增长方面的优势并没有完全有效地转化为个人的可行能力。这恰恰说明了用经济增长过程中可行能力的提升评价经济增长质量比用 GDP 更加合理。

另外，本书根据经济增长对可行能力得分的贡献程度计算经济增长质量。表 4 - 12 给出了根据全样本数据计算出的经济增长质量，结果为 0.024345。

表 4 - 12   全样本的经济增长质量指数

因子得分权重[1]		人均 GDP 的增量（万元）[2]	经济增长质量
人均 GDP	人均 GDP 的平方		
0.013206	- 0.000363	1.947734	0.024345

注：①这里的因子得分权重即（4 - 7）式中的相关变量的系数。
②由于本章使用的样本只包含全国 25 个省份的 162 个区县，因此 2010 年的人均 GDP 是利用 CFPS2010 年的区县数据库计算的人均 GDP。本书下面的区域经济增长质量比较中，2010 年人均 GDP 也是由此计算而得。由于没有 2009 年的 CFPS 区县数据库，因此 2009 年的人均 GDP 采用样本包含省份的 GDP（按照 2010 年的价格进行了调整）和人口数据估算而得。这样，两年的人均 GDP 估算的口径可能略有差别。2009 年的人均 GDP 为 2.919523 万元，2010 年的人均 GDP 为 4.867257 万元。

至此，本书定义了经济增长质量，从可行能力视角提出了分析经济增长质量的模型，并依据全国样本数据测度了经济增长质量。接下来，本书将此分析框架应用于不同区域（东部、中部和西部）经济增长质量的比较分析中。

（二）经济增长质量的区域比较

由于数据所限，分区域之后宏观变量的变异减小，基础设施相关变量间高度线性相关，这导致模型样本矩阵非正定。所以，本章在进行各区域分组分析时，将模型中的基础设施潜变量删除。由于核心变量（人均 GDP）采用的是县级数据，变异较丰富，而删除的变量是省级数据，因此，删除这一变量对核心变量的估计影响不大[①]。

为了使区域之间的经济增长质量具有可比性，本书限定了可行能力测量模型的因子载荷在东部、中部、西部之间是相等的。表 4-13 给出了按东部、中部和西部划分的群组分析模型适配度参数。由此可见，各项指标均符合评价标准，说明模型整体适配状况良好。

表 4-13　东部、中部、西部群组分析模型适配度参数

模型适配度参数	$Bollen-Stine\ Chi^2$	DF	$\frac{Chi^2}{DF}$	GFI	$AGFI$	$NNFI$	CFI	$RMSEA$
评价标准	---	--	1-3	>0.9	>0.9	>0.9	>0.9	<0.08
模型结果	1963.2386	1587	1.2371	0.9962	0.9910	0.9992	0.9993	0.0030

表 4-14 分别给出了东部、中部和西部的结构模型参数估计结果。从微观方面来看，在这三大区域，个人收入、家庭人均收入、个人受教育年限、年龄、性别、居住地和户口对可行能力的作用方向与全国模型基本保持一致。三大区域个人受教育年限的标准化估计系数分别为 0.867108、0.860886、0.814283，是所有变量中最大的，这说明三大区域中对可行能力影响作用

---

① 本书在全国样本模型逐步加入其他省级宏观变量的过程中发现，人均 GDP 的估计结果一直是比较稳定的。

最大的仍然是个人受教育年限。

社会条件和环境因素方面的变量在三大区域之间差别比较明显。基尼系数对可行能力的影响在东部和中部地区显著为负，在西部地区的影响虽然为正，但是不显著。这基本上与全国样本得到的结论一致。东部、中部的基尼系数每增加 0.01，可行能力分别减少 0.002017 个、0.000775 个单位，而西部地区基尼系数的增加并没有显著带来可行能力的下降。由此可知，越是经济发达的地区，收入不平等对个体发展带来的负向影响越大。这可能是因为，在经济增长水平较低的阶段，人们主要的目标还是解决温饱、提高收入、改善物质生活条件；随着经济增长水平的不断提高，人们对收入、物质生活以外的个体发展的要求越来越强烈。就大专及以上人口比例来看，东部和中部地区与全国模型保持一致，但是西部地区是负的。特别注意到，在西部样本中，个人受教育年限大多分布在较低的水平上。在这种情况下，提高作为社会环境的县级层面的大专及以上人口比例、改善该地区文化教育水平，对受教育年限较少的个体发展所产生的挤出效应，可能大于提高地区教育水平所溢出的正效应。

表 4 - 14 显示，东部、中部、西部人均 GDP 在其均值（分别为 6.22 万元、2.53 万元、1.81 万元）处每提高 1000 元，可行能力分别提升 0.000520 个、0.000959 个和 0.003985 个单位。三大区域中，人均 GDP 一次项都显著为正，二次项都显著为负，说明人均 GDP 与可行能力在三大区域也同样呈现倒 U 形的关系，与全国模型保持一致。经济增长和可行能力的这种倒 U 形关系在不同样本中是比较稳定的，这进一步说明了在其他条件不变的情况下，经济增长水平并非总是越高越好。

表4-14　东部、中部、西部群组分析结构模型的估计结果

	可行能力					
	东部		中部		西部	
	估计系数	标准化估计系数	估计系数	标准化估计系数	估计系数	标准化估计系数
个人收入（万元）	0.004571*** (0.000949)	0.026208	0.00917*** (0.001449)	0.036817	0.012837*** (0.0019)	0.043077
家庭人均收入（万元）	0.010004*** (0.00127)	0.043768	0.014498*** (0.001896)	0.044083	0.004974*** (0.001697)	0.018008
个人受教育年限（年）	0.075614*** (0.0015115)	0.867108	0.078024*** (0.001598)	0.860886	0.07864*** (0.001636)	0.814283
年龄（岁）	-0.002748*** (0.000155)	-0.100344	-0.00279*** (0.000181)	-0.09573	-0.00296*** (0.000191)	-0.09798
性别（1=男，0=女）	0.062893*** (0.004107)	0.074555	0.053917*** (0.004738)	0.06237	0.070096*** (0.005316)	0.076777
居住地（1=城市，0=农村）	0.015669*** (0.00134)	0.07324	0.063977*** (0.00604)	0.073717	0.113372*** (0.007761)	0.109838

续表

	可行能力					
	东部		中部		西部	
	估计系数	标准化估计系数	估计系数	标准化估计系数	估计系数	标准化估计系数
户口（1 = 非农，0 = 其他）	0. 08464***	0. 097298	0. 072126***	0. 079738	0. 178172***	0. 136983
	（0. 005596）		（0. 006679）		（0. 009984）	
人均 GDP（万元）	0. 008858***	0. 135719	0. 017533***	0. 079832	0. 058821***	0. 149624
	（0. 001327）		（0. 003047）		（0. 006941）	
人均 GDP 的平方	-0. 000294***	-0. 127065	-0. 00157***	-0. 10713	-0. 00524***	-0. 09016
	（0. 000046）		（0. 000221）		（0. 001031）	
基尼系数	-0. 201674***	-0. 030368	-0. 07746**	-0. 01104	0. 037884	0. 007278
	（0. 032331）		（0. 039238）		（0. 040225）	
大专及以上人口比例（%）	0. 004399***	0. 098901	0. 003938***	0. 076998	-0. 00358***	-0. 03767
	（0. 000317）		（0. 000555）		（0. 000972）	
城市人口密度（人/平方公里）	0. 000000	0. 000811	-0. 000008***	-0. 02673	-0. 000024***	-0. 05056
	（0. 000004）		（0. 000002）		（0. 000006）	

续表

| | 可行能力 | | | | | |
| | 东部 | | 中部 | | 西部 | |
	估计系数	标准化估计系数	估计系数	标准化估计系数	估计系数	标准化估计系数
人均教育财政支出（元/人）	-0.000025 (0.000022)	-0.025593	-0.00031*** (0.000042)	-0.08373	0.000364*** (0.000069)	0.07369
人均医疗卫生财政支出（元/人）	0.000156*** (0.000057)	0.063876	-0.00080*** (0.000135)	-0.06590	-0.00026 (0.000253)	-0.01676
人均社会保障就业财政支出（元/人）	-0.000022*** (0.000006)	-0.025682	0.000222*** (0.000052)	0.075039	-0.000025 (0.000031)	-0.00855
自然灾害受灾死亡人口（人）	0.00036*** (0.000045)	0.058188	-0.0024*** (0.00006)	-0.03312	0.000004 (0.000007)	0.005975
样本数	11574		8035		7493	

注：***，**，* 分别表示 1%、5%、10% 的显著性水平，表中数值 0 是四舍五入的结果。

根据前文提出的经济增长质量计算方法，可计算出东部、中部和西部三大区域经济增长质量指数，结果如表 4 - 15 所示。

表 4 - 15　东部、中部、西部经济增长质量指数

	可行能力得分均值	基尼系数①	人均 GDP 增量（万元）②	因子得分权重③		经济增长质量
				人均 GDP	人均 GDP 的平方	
东部	1.972806	0.50556	2.05826	0.009893	-0.00033	0.018973
中部	1.702189	0.47078	0.340723	0.017275	-0.00155	0.005706
西部	1.251787	0.50545	0.054515	0.052208	-0.00466	0.002832

注：①根据 CFPS 中 2010 年相关数据库计算而得。

②人均 GDP 增量的计算方式与表 4 - 12 中的计算方式相同。东部、中部、西部 2010 年的人均 GDP 依次是 6.223118 万元、2.531915 万元、1.807947 万元；东部、中部、西部 2009 年的人均 GDP 依次是 4.164858 万元、2.191192 万元、1.753432 万元。

③这里的因子得分权重即本书（4 - 7）式中的相关变量的系数。

东部、中部、西部三大区域的经济增长质量指数分别是 0.018973、0.005706、0.002832。东部地区的经济增长质量指数要远高于中部和西部地区，而西部地区的经济增长质量指数最低。根据前文模型可知，经济增长质量指数一方面取决于人均 GDP 对可行能力的偏效应，另一方面也取决于人均 GDP 的增量。东部、中部、西部人均 GDP 在均值附近对可行能力的偏效应依次递增，而人均 GDP 的增量则是依次递减的。虽然西部地区人均 GDP 对可行能力的偏效应是最大的，然而由于人均 GDP 增长过于缓慢，限制了可用于提高可行能力的资源的供给，因此，西部经济增长质量并不高。中部地区从人均 GDP 的增量来看，是西部地区的 6.25 倍，然而经济增长质量

指数仅仅是西部地区的 2.01 倍，这主要是因为人均 GDP 对可行能力的偏效应相比西部地区要差很多。

第四节　结论

改革开放以来，中国经济增长较快，然而，增长并不必然意味着发展。中国经济在"量"上取得了巨大成就，经济发展开始步入了一种新常态，面临着"中等收入陷阱"的风险和一系列新的挑战。在经济新常态下，不仅要思考经济增长的速度与可持续性这种"量的扩张"问题，而且要从发展"质变"的角度，研究经济增长量变过程中所蕴含的"质的提升"。然而，现有的关于经济增长质量的研究仍是在"量变"范畴中分析增长问题。

本章以可行能力刻画发展，从发展理念出发界定经济增长质量，将经济增长质量定义为经济增长过程中可行能力的提升，并从发展的微观视角提出经济增长质量的分析模型。考虑到可行能力是一个抽象的概念，不仅不能准确有效地直接衡量，而且与经济变量之间存在多层级的复杂关系，本章用结构方程模型将无法直接测量的潜变量纳入分析，利用该模型整合了验证式因子分析和路径分析两种方法的优势，揭示了各种经济变量与可行能力之间复杂的多层次因果关系，解析了经济增长过程中蕴含的发展特质（可行能力之扩展），即经济增长质量。

本章数据源于北京大学中国社会科学调查中心"中国家庭

追踪调查（CFPS）"，以及该中心提供的 2010 年区县数据和
《中国区域经济统计年鉴（2011）》。模型估计采用 AMOS 软
件，选用极大似然估计法（ML），并用 Bollen - Stine Bootstrap
对卡方值等模型适配度参数进行了修正。本书依据全国样本数
据测度了经济增长质量，并对东部、中部和西部经济增长质量
进行了比较分析。本章的主要发现有以下几点。

第一，经济增长与可行能力之间呈现倒 U 形关系。这说明
经济增长质量与经济增长水平之间并非简单的线性关系，在其
他因素不变的情况下，经济增长并不能总是产生积极的发展效
应，过度追求 GDP 反而会偏离发展的根本目的，并不能提升
人们的可行能力和生活质量。

第二，教育对于提高人们的可行能力、促进发展具有非常
重要的意义。在微观层面，个人受教育年限对个体发展、提高
可行能力贡献最大；在宏观层面，一个地区的大专及以上人口
比例显示了教育对于该地区个体发展有较强的正外部性。

第三，收入分配状况影响人的发展，过高的收入差距有碍
人们可行能力的提升。经济增长水平越高，收入分配恶化对发
展产生的负向作用也越大。

第四，我国人口的可行能力分布存在着显著的结构特征，
在非农户籍人口比农业户籍人口、城市居民比农村居民、男性
比女性这样的组群之间，可行能力存在着较大的差距，尤其以
户籍身份和城乡常住之间的差异最为突出。

第五，就东部、中部和西部三大区域而言，东部地区的经
济增长质量指数要远高于中部和西部地区，而西部地区的经济
增长质量指数最低。虽然西部地区在人均 GDP 方面的改善要

远远低于东部和中部，然而由于人均 GDP 对可行能力产生了较大的偏效应，西部地区在经济增长质量方面与东部和中部的差距并不像经济增长方面的差距那么大，尤其是与中部相比。

由于受数据所限，本章实证部分对可行能力的刻画以及相关变量的选取还有待完善。本章的主要贡献在于，从发展的角度界定经济增长质量，提出了切实可行的测算经济增长质量的模型及方法，并对我国经济增长质量进行了实证分析，为科学地评价经济增长质量提供了一种新的视角和工具。

第五章
经济增长质量的测度与要素分解
——宏观视角

经济增长质量即经济增长过程中可行能力的提升。在第四章，本书提出了测度经济增长质量的方法，即通过构建经济增长和可行能力之间关系的模型，估计出经济增长对可行能力的偏效应，然后据此计算出经济增长质量指数。第四章的结论是建立在微观个体的可行能力基础上的，由此计算出的经济增长质量确切地说是经济增长对社会中抽象出的具有代表性的一般个体带来的可行能力的提升。然而，经济增长质量，更多的是一个宏观概念，为了便于对不同阶段或者不同地区经济增长绩效进行评价，本书有必要进一步从宏观视角测度经济增长质量。本书在第四章曾经提出，经济增长（人均 GDP）对可行能力的影响取决于经济增长过程的特点，然而由于数据限制，第四章没有进一步分析经济增长过程的特点对可行能力的影响。本章仍然沿用了第三章经济增长质量的内涵，以及第四章经济增长质量的测度方法，在模型和变量选择上进行了调整，以便于从宏观视角测度经济增长质量，并从中分解出经济增长质量的组成要素，对比分析了 2008 年金融危机前后经济增长质量及其组成要素的变化情况。

第一节　背景、问题与研究路径

前文已经论证，考察经济增长质量最佳的视角就是发展，经济增长质量就是寓于经济增长过程中的可行能力的提升，并且也提出了测度经济增长质量的方式。然而第四章测度经济增长质量的方式，是基于可行能力理论提出的，而 Sen 在提出可行能力理论时，主要是从个人享有的自由出发的，因此，或许会有人提出疑问：经济增长质量是宏观概念，可行能力是微观概念，两者是否能够匹配呢？本章主要解决这一问题，基于可行能力理论，从宏观层面来构建测量经济增长质量的模型。

Sen 将人们实际实现的各种各样的生活状态称为"功能性活动"，而把他能够选择去做或者去实现这些功能性活动的能力称为"可行能力"，这既包括免受困苦（比如饥饿、营养不良、过早死亡等）的基本可行能力，也包括识字、享受政治参与等可行能力（Sen，1985，1988，1993，1999，1999）。Nussbaum（2003）提出了一个核心的人类可行能力列表，包括拥有正常的寿命、健康的身体、思考和想象的能力、实践理性等10 个方面。另外一些研究也从公平、道德伦理和基本需求方面列示了相关的可行能力。比如，Doyal、Gough（1991）从人类需求角度提出基本的可行能力包括合适的教育、精神健康、安

全的工作环境、婴儿出生和孩童时的安全保障等；Qizilbash
（1998）给出的列表包括营养、居所、教育、基本的自尊等。

可行能力理论展现的是以人为核心的发展观，因此上述列
示的人类应该享有的基本可行能力都是从微观个体出发的。然
而社会本就是由个体的人所组成的，因此，从微观个体出发定
义的可行能力并不妨碍我们通过观察这个社会中所有人们实现
的一般可行能力水平去判断这个社会的发展程度。有不少研究
基于可行能力理论，从宏观层面考察一个地区的发展程度，最
典型的就是联合国在 1990 年提出并沿用至今的人类发展指数。
Perrons（2012）基于可行能力理论考察了地区间的经济和社会
发展情况，包括健康、教育、生活水平、就业等方面。Krish-
nakumar（2007）利用 56 个国家的宏观数据指标讨论了可行能
力的发展情况，包括能够参与到政治活动中、能够拥有健康的
生活以及能够获得教育三个方面。

由此可见，可行能力理论并不仅适用于微观个体的研究，
同样也可以用于一个地区或国家的宏观层面研究。

另外，从微观层面与宏观层面考察可行能力也是略有差别
的。首先，从整个社会层面来说，宏观所关注的一些方面在微
观层面的指标中并没法体现，比如就业是人们可行能力维度的
一个很重要的方面，但是从个人层面来衡量的话就会出现问
题：一个人的就业状态只有是或否两种，当此人失业时，则这
件事情就是 100% 发生了，但是此人的失业不代表整个社会的
失业率就是 100% 。因此，从发展的目标或者结果来衡量一个
地区的经济增长质量的话，不仅要从个人的层面出发，也要从
整个社会的层面出发，因为有一些维度或者指标只能从宏观层

面来衡量。另外，从微观个体的可行能力出发，考察的仅仅是个人所拥有的资源及其所处的环境对他所造成的影响，而从宏观层面考察整个社会的可行能力时，个体可行能力的加总及其分配将会变得很重要，此时不仅要考虑资源的总量，而且要考虑资源的分配，也就是经济结构。

从本质上来说，可行能力是对人们生活质量或者福利水平的衡量。如果说一个社会追求的是其内部所有成员的福利最大化，那么从宏观层面衡量一个地区的发展程度，理想的方式是将微观个体的可行能力以一定的方式加总成宏观的可行能力。但是微观数据有限，本书无法对每个地区、每个年份都加总出这样一个宏观可行能力水平，因此本书转向利用宏观数据研究不同地区、不同发展阶段的经济增长质量。这就需要对可行能力的维度、经济增长质量的测量模型做出相应的调整。

第四章曾经提出，经济增长提升可行能力的过程并不会自动实现。经济增长不会自动产生发展效应，同等水平的经济增长产生的发展效应也会不同。经济增长带来的可行能力的提升、所产生的发展效应，不仅取决于经济增长的水平，也取决于经济增长的结构、经济增长的方式等。第四章的主要目的是提出经济增长质量的测量方式，没有进一步讨论经济增长过程中，经济结构、经济增长方式对可行能力的影响。因此，这一章不仅要提出从宏观层面测量经济增长质量的模型，而且要同时讨论除了 GDP 之外，经济结构等经济增长的基本特征对可行能力的影响。

2008 年金融危机之后，我国的经济结束了长期以来的高速增长，经济发展进入"新常态"。那么，2008 年金融危机前

后，我国的经济增长质量是否发生了变化？发生了哪些变化
呢？本章最后将利用建立的宏观经济增长质量的分析模型来探
讨这一问题。

本章的内容安排如下：第二部分是模型、方法与数据，主
要是在 Sen 的可行能力理论基础上，利用 Rains 等的理论（Ra-
nis et al.，2000；Ranis，2004；Ranis、Stewart，2005，2012）
对第四章提出的测量经济增长质量的模型进行了调整，以满足
宏观经济增长质量的分析需要，并介绍了所用的方法与数据；
第三部分是实证分析的结果，主要讨论了经济增长、经济结构
等与可行能力之间的关系，并测量比较了 2008 年金融危机前
后经济增长质量的变化情况；第四部分是本章的结论。

第二节　模型、方法与数据

一　模型与方法

既然经济增长质量是寓于经济增长过程中的发展，即经济
增长过程中由经济增长带来的可行能力的提升，那么无论是从
微观视角，还是从宏观视角研究经济增长质量，首先要做的仍
然是要厘清经济增长与发展之间的关系。

本章先来回顾一下 Sen 的可行能力理论，然后在此基础上
建立分析框架。

Kuklys（2005），Kuklys、Robeyns（2005）给出了 Sen 的
可行能力分析的一个规范框架。假设 X_i 表示个人 i 拥有的所有

可能的商品集（或者说资源），$x_i \in X_i$，这些商品拥有的特质 c (x_i) 可以被个人用来实现他们的功能性活动 y_i。这些特质转换为功能性活动的情况受个人特征 z_i、社会条件 z_s 和环境因素 z_e 的影响（Robeyns，2011）。假设 f_i 表示人们利用商品的特质实现功能性活动的转换函数，F_i 是所有可供选择的转换函数的集合，$f_i \in F_i$，则有如下函数：

$$y_i = f_i[c(x_i) \mid z_i, z_s, z_e] \qquad (5-1)$$

可行能力 y_i^* 是个人 i 所有可行的功能性活动的集合，因此可行能力可以表示为：

$$y_i^*(x_i) = \{y_i \mid y_i = f_i[c(x_i) \mid z_i, z_s, z_e],$$
$$\forall x_i \in X_i, \forall f_i \in F_i\} \qquad (5-2)$$

那么，经济增长是如何影响发展呢？Ranis 等认为经济增长主要是为促进发展提供了各种丰富的可用资源。同样的经济增长水平下，这种促进作用的大小取决于这些资源中究竟有多少用于实现发展。而这一过程主要通过家庭和政府来完成。首先，从家庭方面来说，经济增长会提高家庭收入，从而提高家庭用于发展方面的支出。通常而言，低收入家庭在发展方面，比如健康、教育等方面的支出比例更高。因此当经济增长的成果分配更加倾向于低收入者时，经济增长对整个社会的人类发展的促进作用将更大。而这取决于经济增长结构或者经济增长模式能够多大限度地提高家庭收入，尤其是低收入家庭的收入。其次，从政府方面来说，经济增长将提高政府的财政收入，从而有利于政府增加用于人类发展方面的公共支出，这是对私人支出渠道的有益补充。Anand、Ravallion（1993）发现经济增长对人类发展的促进作用大多是通过中央或地方的财政支出完成的。但政府的公共支出对促进人类发展方面的作用完全取决于政策瞄准和支出的效率。也就是说在资源有限的情况下，政府必须将支出首先集中在对促进整个社会人类发展最优先、最有效的部分上。制度也将影响政府的支出效率。总之，经济增长由于创造了更多的资源，将促进人类发展，但是这种促进作用取决于这些资源在相关方面的分配情况，进一步说也就是取决于经济结构、经济增长模式、制度以及相关的政府政策等（Ranis et al.，2000；Ranis，2004；Ranis、Stewart，2005，2012）。

本章要从宏观层面度量可行能力，即整个社会人们可行能力的一般状况，因此，（5－2）式中影响个人可行能力的个人特征没有存在的必要。另外，在可行能力理论中，收入是实现各种功能性活动的手段，只具有工具价值，不具有内在价值，因此，第四章基于微观视角的可行能力的测量模型中并未包含收入。从宏观层面度量可行能力，由于数据的限制，只能度量几个主要的可行能力指标，且收入是人们实现自由的重要工具，也是经济增长和发展的目标之一，因此，本章将收入纳入可行能力维度中。将收入纳入可行能力维度进行研究的，还有Perrons（2012）和Binder、Coad（2011）等。

结合Sen的可行能力理论，以及Ranis等人关于经济增长和人类发展之间关系的理论，本章将可行能力的影响因素重新划分为以下几类：经济增长水平z_g、经济增长结构z_{st}、社会条件z_{so}和环境因素z_e。也就是说，从整个社会层面来考察人们的可行能力时，可行能力取决于经济增长水平、经济增长结构、

社会条件和环境因素。至此，我们可将可行能力重新表述
如下：

$$y^* = \{ y \mid y = g(z_g, z_{st}, z_{so}, z_e) \} \qquad (5-3)$$

在（5-3）式中，已经不存在表示个人的下标 i，而是整
个社会的一般情况。整个经济体的可行能力 y^* 仍然是这个经济
体内部人们功能性活动 y 的集合。人们能够实现的功能性活动
则主要取决于人们能够获得的资源（包括自身能够拥有的以及
外部环境能够提供的）及其使用资源的环境，这些则由经济体
的经济增长水平 z_g、经济增长结构 z_{st}、社会条件 z_{so} 和环境因素
z_e 决定。经济增长水平 z_g、经济增长结构 z_{st}、社会条件 z_{so} 和环
境因素 z_e 之间又是相互影响的。（5-3）式表示的关系可由
图 5-1 描绘。

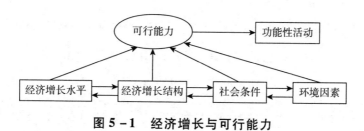

图 5-1　经济增长与可行能力

这个模型中，由于无法观测到个人所有可能实现的潜在的
功能性活动，也就无法观测到可行能力，因而很难找到有效的
变量对可行能力进行直接衡量，惯常的计量分析方法在进行实
证分析时会面临较大的困难，只能通过可观测到的各种功能性
活动来间接衡量可行能力。而主成分分析法、因子分析法等用
来分析多维度变量的方法也存在问题（在第四章已经论述过，
这里不再详细阐述），因此，和第四章一样，这里借鉴 Anand

et al.（2011），Krishnakumar Ballon（2008）的方法，运用结构方程模型，将可行能力表示为潜变量。

令 y 表示功能性活动向量，y^* 表示可行能力向量，z 表示影响可行能力的各种因素（包括经济增长水平 z_g、经济增长结构 z_{st}、社会条件 z_{so} 和环境因素 z_e），z^* 表示 z 的潜变量①，本章的结构方程模型建立如下：

$$Ay^* + Bz^* + u = 0 \qquad (5-4)$$

$$y = \Lambda y^* + \varepsilon \qquad (5-5)$$

$$z = Yz^* + \epsilon \qquad (5-6)$$

其中（5-4）式是结构模型，（5-5）式和（5-6）式是测量模型，u、ε 和 ϵ 是相应的误差项，满足 $V(u) = \Sigma$，$V(\varepsilon) = \Psi$，$V(\epsilon) = \xi$；A、B、Λ 和 Y 是待估参数。

y^* 的潜变量得分的估计值为（Krishnakumar、Nagar，2008）：

$$\hat{y}^* = [I - A^{-1}\Sigma A^{-1'}\Lambda(\Lambda'A^{-1}\Sigma A^{-1'}\Lambda' + \Psi)^{-1}\Lambda]A^{-1}Bz_i +$$
$$A^{-1}\Sigma A^{-1'}\Lambda(\Lambda'A^{-1}\Sigma A^{-1'}\Lambda' + \Psi)^{-1}y_i \qquad (5-7)$$

由（5-7）式可知，$\hat{y}^*$ 中由 z 贡献的量为 $[I - A^{-1}\Sigma A^{-1'}\Lambda(\Lambda'A^{-1}\Sigma A^{-1'}\Lambda' + \Psi)^{-1}\Lambda]A^{-1}Bz_i$。

经济增长质量即经济增长过程中由经济增长带来的可行能力的提升。经济增长对可行能力的影响，不仅包括经济增长的水平（GDP）的影响，也包括经济增长的特点（经济增长结构）的影响。因此，经济增长质量应该包括经济增长水平与经济增

① 为了简化模型，本书在可行能力的影响因素 z 中也引入了潜变量，具体情况会在下文的变量选择中具体介绍。

长结构两方面带来的可行能力的提升。第四章分析的重点只是提出经济增长质量一般的测度方法，因此，模型中描述经济增长及其过程的变量仅仅由人均 GDP 来代替，而经济结构等描述经济增长过程特点的因素对可行能力的影响则被涵盖在了人均GDP 的偏效应中（同一单位人均 GDP 的增长带来的发展效应是不同的，而这种不同正是因为经济增长的特点不同）。在本章中，为了进一步研究经济结构是如何影响可行能力的，模型中加入了这些变量。因此，本章计算的经济增长质量将是由经济增长水平、经济增长结构带来的可行能力提升的总和。类似于第四章，本章利用（5 - 7）式计算可行能力 $\hat{y}^*$ 中由经济增长水平和经济增长结构贡献的量，即经济增长质量。

二　变量选择与数据

（一）变量选择

首先来看如何衡量可行能力。大家对于如何确定可行能力或者功能性活动的多维度空间并没有形成共识，就连 Sen 自己也认为可行能力列表应该是一个开放的列表。在实际的研究工作中，研究者通常根据要研究的目的和数据可得性来具体确定。第四章在 Nussbaum （2003） 提出的人类应该享有的一般可行能力的基础上，确定了可行能力的维度。然而宏观数据并没有微观数据那么丰富，而且需要从社会所有人群的整体情况去考虑经济增长质量，因此本章需要重新确定可行能力的维度。从宏观层面的研究来看，人类发展指数是从教育、健康、生活水平三个维度考察人类发展情况的；Perrons （2012） 则是从健康、教育、生活水平、就业等方面出发的；Krishnakumar（2007）则选择了政治自由、健康和教育三个方面。无论是微观层面的研究还是宏观层面的研究，虽然具体的维度会有所不同，但健康、教育、就业、生活水平等维度基本上在每一个研究中都会被包含在内。因此，本章根据数据的可得性，选取健康、教育、就业、生活水平以及收入五个维度[①]。每个维度相应的指标及其描述性统计见表5－1。

表5－1　可行能力维度观测指标的描述性统计

维度	观测指标	观测数目	均值	标准差	最小值	最大值
收入	城镇居民人均可支配收入（元）	434	10594.8200	4735.2990	4342.6100	30770.2500
	农村居民人均纯收入（元）	434	3745.2390	2127.9990	1309.4600	13631.4100
	城乡收入差距泰尔指数	434	14.1139	6.5078	2.0401	38.5983
健康	死亡率（‰）	434	6.0210	0.6768	4.2100	7.9800
	预期寿命（年）	434	73.2571	3.2565	63.9900	80.9960
教育	未上学人口比重（%）	434	9.7153	7.3278	1.6478	53.4631
	大专及以上人口比例（%）	434	6.9043	5.3444	0.0905	37.3526
	人均受教育年限（年）	434	8.0177	1.2045	2.9479	11.8370

① 收入虽然被看作只具有工具价值而不具有内在价值，但是在市场经济中，收入是获得各种资源以实现功能性活动的最重要途径，这个在第四章中也已经被证明。由于宏观数据不能像微观数据那样丰富地刻画各个维度的可行能力，因此，本章在这里将收入纳入可行能力的维度中，用以衡量其他方面的可行能力。

续表

维度	观测指标	观测数目	均值	标准差	最小值	最大值
就业	失业率（%）	434	3.6357	0.7269	0.6200	6.5000
生活水平	居民恩格尔系数（%）	434	40.4594	5.1212	30.8996	56.2732
	家庭人均医疗保健支出（元）	434	354.7327	224.8984	53.3995	1232.2950
	家庭人均文教娱乐支出（元）	434	618.6150	451.0649	102.6123	2710.3700

关于影响可行能力的外生变量选择以下指标（具体统计性描述见表5-2）。

表5-2　可行能力外生解释变量的描述性统计

变量	观测数目	均值	标准差	最小值	最大值
人均GDP（万元）	434	1.7898	1.5981	0.2545	10.4385
城镇化率（%）	434	44.7869	15.3022	18.0377	89.3191
产业结构高级化	434	0.9757	0.4424	0.4971	3.3676
产业结构合理化	434	27.3638	15.2616	1.6896	88.0264
劳动报酬占比（%）	434	47.7900	6.9891	31.4430	70.3530
资本形成率（%）	434	53.1602	13.3533	30.7863	111.4000
人均教育财政支出（元）	434	499.3749	426.6921	64.1949	2362.2520
人均社会保障就业财政支出（元）	434	328.5502	360.0171	7.4157	2351.4000
人均医疗卫生财政支出（元）	434	178.2386	172.4996	16.5602	962.1943
城市用水普及率（%）	434	90.5418	10.8477	38.5400	100.0000

变量	观测数目	均值	标准差	最小值	最大值
城市燃气普及率（%）	434	79.8881	16.4914	23.5300	100.0000
城市人均道路面积（平方米）	434	11.0346	3.8603	3.8500	31.8300
城镇人均城市绿地面积（平方米）	434	8.2917	3.0632	0.4200	29.3800
每万人拥有医疗卫生机构床位数（张）	434	12.3775	7.9328	0.6100	47.3800
小学平均规模（人/所）	434	356.0296	172.8168	88.9728	1024.1280

（1）经济增长水平。可行能力的大小主要取决于人们能够获得资源的多少。经济增长水平越高，说明经济增长创造的资源越丰富，这一方面有利于提高个人收入，另一方面有利于增加公共资源的供给，从而提升人们的可行能力。本章采用人均GDP来表示经济增长水平。考虑到经济增长水平对可行能力可能存在边际递减的影响，模型中加入了人均GDP的平方项。

（2）经济增长结构。前面已经论述，经济增长虽然会提高可行能力，然而这一过程并不会自动实现。同一单位GDP的增加对可行能力影响取决于经济发展的方式，因为经济发展方式决定了资源在不同部门、不同主体间的分配。而经济增长结构恰恰反映了经济发展方式。本章在模型中加入经济增长结构，有助于进一步了解应该如何提高经济增长质量。那么什么是经济增长结构呢？从GDP的支出法来衡量，经济结构表现为消费、投资和净出口之间的结构；从GDP的收入法来衡量，经济增长结构表现为劳动报酬、税收和资本收入之间的结构；

从 GDP 的生产法来衡量，经济增长结构表现为产业结构和地区结构，其中地区结构以城镇化不断推进为其表现形式（殷德生、范剑勇，2013）。具体而言，模型中采用资本形成率反映经济的支出结构，用劳动报酬占 GDP 的比重反映经济的收入结构，用产业结构高级化和产业结构合理化指标①反映经济的产业结构，用城镇化率反映经济的地区结构。

（3）社会条件。政府在人类发展方面的相关财政支出，对于提高可行能力具有重要意义。这里采用人均医疗卫生财政支出、人均教育财政支出和人均社会保障就业财政支出来反映相关的公共政策。虽然相关的人均财政支出越高，应该越有利于提高可行能力，但是财政支出的效果还取决于政府的管理水平和相关的制度建设，因此其结果并不容易判断。如教育上的公共支出本来是有利于经济发展的，然而政府较差的管理水平则会对这一作用产生严重的负面影响（Baldacci et al.，2008）。

（4）环境因素。为了简化模型，本书引入基础设施水平的潜变量来综合衡量各种基础设施对可行能力的影响，主要包括水、气、道路等生产性基础设施以及绿地、医疗、教育等社会性基础设施两个方面。

本章模型的路径分析如图 5-2 所示。其中，椭圆形表示潜变量，矩形表示观测变量，箭头所指的为因变量，箭尾所连接的为自变量。简言之，收入、健康等几个维度所能够实现的功能性活动取决于个人的可行能力集的范围，而可行能力集的边界则受经济增长水平、经济增长结构、社会条件和环境因素的影响。

---

① 这两个指标会在数据来源及数据处理中详细介绍。

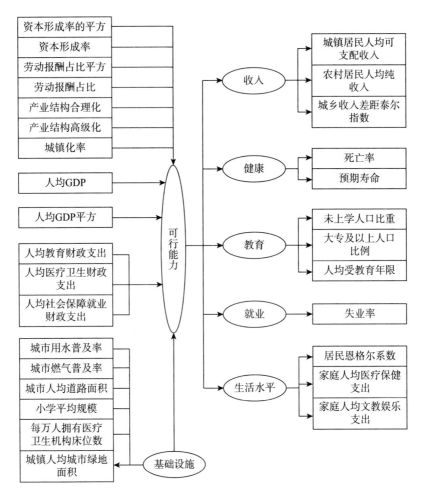

图 5 - 2　可行能力及其影响因素的路径分析

注：为了简便，路径分析中省略了复杂的相关关系以及误差项。

（二）数据来源及数据处理

本章的研究样本涵盖了我国 31 个省份，主要是这些省份 1999 ~ 2012 年的经济增长和发展方面的相关数据。这些数据来自历年的各省的统计年鉴、《中国人口和就业统计年鉴》、《新中国六十年统计资料汇编》以及《中国统计年鉴》。

有一些变量的数据处理在这里做出以下说明。

（1）所有以货币为计量单位的变量，比如居民收入、人均财政支出、人均 GDP 等，本章的数据全部以 1999 年为基年，利用消费价格指数或者 GDP 指数消除了价格变动因素，换算成了实际可比的值。居民收入、人均财政支出方面的相关变量使用消费价格指数进行了调整，人均 GDP 使用 GDP 指数进行了调整。

（2）由于预期寿命是每 10 年调查一次，因此只有 2000 年和 2010 年的数据。2013 年的《上海统计年鉴》给出了上海历年的预期寿命，经过数据模拟，发现上海的预期寿命基本上呈线性分布。考虑到健康是可行能力维度的一个重要方面，不能从可行能力维度中删除，因此本章利用线性模拟补全了其他年份的预期寿命。一方面短期内预期寿命变化幅度不大，另一方面 2000 年和 2010 年的实际数据基本上跨越了本章要研究阶段的两端，本章所做的数据模拟基本是区间内部的，因此这种线性模拟补全数据的方法误差应该不会特别大。

（3）可行能力中教育维度的数据，是根据 6 岁及 6 岁以上人口抽查样本的受教育情况估算的。人均受教育年限按照未上学为 0 年、小学文化程度为 6 年、初中文化程度为 9 年、高中文化程度为 12 年、大专及以上文化程度为 16 年计算。

（4）居民恩格尔系数、家庭人均医疗保健支出、家庭人均文教娱乐支出，是利用城镇居民和农村居民的上述三个数据以及城镇人口和农村人口数据计算而得。

（5）城乡收入差距泰尔指数。现有文献中，常用城镇人均可支配收入和农村人均纯收入之比来衡量城乡收入差距，但是这一度量方法无法反映城乡人口结构的变动。因此，本章采用城乡收入泰尔指数来衡量城乡收入差距（王少平、欧阳志刚，2008）：

$$TI = \sum_{i=1}^{2} \left(\frac{P_i}{P} \right) \ln \left(\frac{P_i}{P} \bigg/ \frac{Z_i}{Z} \right) \qquad (5-8)$$

其中，i 表示城镇和农村，P_i 表示城镇或者农村的总收入，Z_i 表示城镇或者农村的总人口，P 和 Z 分别表示整个地区的总人口和总收入。

（6）产业结构合理化和产业结构高级化。产业结构的变化是影响经济增长的一个重要原因，而产业结构的变化通常包含两个维度，即产业结构合理化和产业结构高级化（干春晖等，2011）。产业结构合理化反映了产业之间的协调程度和资源的有效利用程度，它是要素投入结构和产出结构耦合程度的一种衡量，其计算公式如下（干春晖等，2011）：

$$TL = \sum_{i=1}^{n} \left(\frac{Y_i}{Y} \right) \ln \left(\frac{Y_i}{L_i} \bigg/ \frac{Y}{L} \right) \qquad (5-9)$$

其中 Y 表示产值，L 表示就业人数，i 表示产业。TL 为 0 时，表示产业结构是均衡的，TL 越大，表示产业结构越不均衡。产业结构高级化（TS）则用第三产业产值和第二产业产值之比表示。

（7）可行能力方面的观测指标变量都做了凸函数变换。通常，在研究人类发展和福利的文献中，教育（比如受教育年限、入学率等）、健康（比如预期寿命、死亡率等）等变量都直接采用变量的原值，而未加变换（Becker et al.，2005；Daron、Simon，2007；Hatton、Bray，2010）。然而由于自然界限的存在（比如当前的预期寿命很难超过 100 岁），使用这些变量的原值和变化率来进行空间和时间的比较，是存在问题的（Sen，1981；Kakwani，1993；Canning，2012）。比如，同样一个单位的预期寿命的增长带来的意义应该是一样的，然而在高预期寿命下，同样一个单位的预期寿命的增加会导致较低的增长率。为了纠正这一偏差，1990 年发布的人类发展指数对非收入方面的指标做了相应变换，如下：

$$I = (x - \text{Min})/(\text{Max} - \text{Min}) \qquad (5-10)$$

其中 x 是要考察的变量，Min 最小值，Max 是最大值。

但是，这种变换仍然存在问题（Prados De La Escosura，2014）。比如，最大的预期寿命是 100 岁，最小的预期寿命是 0 岁，地区 1 的预期寿命由 90 岁增长到 91 岁，而地区 2 的预期寿命由 45 岁增长到 46 岁，按此方法计算出的指数，两个地区的预期寿命的变化都是 0.01，然而很明显，由于接近自然极限，由 90 岁增加到 91 岁显然比由 45 岁增加到 46 岁要困难很多。这是（5-10）式的极差变化无法解决的问题。Kakwani（1993）也曾指出，当生活水平越来越高时，同样增量的生活水平的提高在高生活水平下会需要更多的资源。为了捕捉这一信息，Kakwani（1993）提出了这样一个变换形式：

$$f(x, \text{Min}, \text{Max}) = [(\text{Max} - \text{Min})^{1-\varepsilon} - (\text{Max} - x)^{1-\varepsilon}]/$$
$$[(\text{Max} - \text{Min})^{1-\varepsilon}], 0 < \varepsilon < 1 \qquad (5-11)$$

$$f(x, \text{Min}, \text{Max}) = [\ln(\text{Max} - \text{Min}) - \ln(\text{Max} - x)]/$$
$$\ln(\text{Max} - \text{Min}), \varepsilon = 1 \qquad (5-12)$$

其中，x 表示生活水平，Max 是最大值，Min 是最小值，这是 x 的一个凸函数。

同样，当可行能力的水平越高时，增加同样一单位的可行能力需要付出的资源和努力也越多，因此本章采用 Prados De La Escosura（2014）的做法，使用（5 – 12）式对可行能力的观测变量做凸函数的变换。本章可行能力的指标中不仅有正向指标，还有逆向指标（城乡收入差距泰尔指数、死亡率、未上学人口比重和失业率）。其中，正向指标采用（5 – 12）式进行变换，逆向指标采用（5 – 13）式进行变换：

$$f(x, \text{Min}, \text{Max}) = [\ln(\text{Max} - \text{Min}) - \ln(x - \text{Min})]/$$
$$\ln(\text{Max} - \text{Min}) \qquad (5-13)$$

第三节　实证分析及其结果

本章模型采用极大似然估计法进行估计，使用了 AMOS 软件。为了避免数据不满足多元正态分布，导致估计结果不精确，本章采用 Bollen – Stine Bootstrap（2000 次）对卡方值等模型适配度参数进行了修正[①]（Bollen、Stine，1992），同时分析了 Bootstrap（2000 次）的标准误和置信区间。

一　测量模型的实证结果

经济增长质量即经济增长过程中可行能力的提升，因此可

[①]　由于篇幅所限，文中报告的模型适配度参数都是 Bollen – Stine Bootstrap 修正后的结果。关于 Bollen – Stine Bootstrap，可参考 Bollen、Stine（1992）的文章。

行能力测量的质量将影响整个模型的结果，因此，本章首先来看可行能力的测量结果。

表 5-3 给出了可行能力测量模型的模型适配度参数。模型适配度是为了评价假设的理论模型与实际数据的一致性程度。其中，模型 a 是一阶构面全相关模型（即所有观测指标不再归为具体维度，而是直接合并在可行能力下），模型 b 是二阶构面模型（即观测指标先划归为某一维度，然后所有维度再合并到可行能力下）。虽然一阶构面全相关模型的 *RMSEA* 和 *AGFI* 两个指标超出了标准，但是很接近临界值，并且其他指标也都符合判断标准。并且，一阶构面全相关模型的卡方值和 *RMSEA* 相比二阶构面模型改善很大，其他指标则差异不明显，这说明一阶构面全相关模型优于二阶构面模型。因此，本章采用一阶构面全相关模型来测量可行能力。

表 5-3　可行能力测量模型的模型适配度参数

模型适配度参数	Bollen-Stine Chi²	DF	GFI	AGFI	NNFI	CFI	RMSEA
评价标准	---	---	>0.9	>0.9	>0.9	>0.9	<0.08
模型 a	318.9096	50	0.9480	0.8930	0.9420	0.9560	0.0940
模型 b	488.9323	61	0.9491	0.8998	0.9426	0.9551	0.1273

注：模型 a 为一阶构面全相关模型，模型 b 为二阶构面模型。

表 5-4 给出的是可行能力测量模型的估计结果，用以检验所选取的功能性活动指标反映相关的可行能力水平。首先，所有观测指标的估计系数，即使是在 Bootstrap 修正标准误之后，都在 1% 的水平上显著。观测指标中，城乡收入差距泰尔

指数、死亡率、未上学人口比重和失业率四个指标是逆向指标，但是之前已经通过（5－13）式进行了变换，因此与其他正向指标一样，估计系数为正，说明这些观测指标越大，可行能力也越大。

表5－4　可行能力测量模型的估计结果

	估计系数	ML标准误	Bootstrap标准误	Bootstrap置信区间	P	标准化估计系数
城镇居民可支配收入（元）	1					0.5764
农村居民纯收入（元）	1.1265	0.0174	0.0330	(1.0653, 1.1897)	***	0.6350
城乡收入差距泰尔指数	4.1334	0.3319	0.8381	(2.6636, 5.8161)	***	0.7797
死亡率（‰）	1.8910	0.2525	0.4356	(1.0796, 2.7336)	***	0.3978
预期寿命（年）	4.2036	0.3075	0.8189	(2.7509, 5.7239)	***	0.9189
未上学人口比重（%）	3.5216	0.3085	0.6645	(2.3137, 4.9658)	***	0.7018
大专及以上人口比例（%）	2.0774	0.1579	0.4882	(1.2025, 3.0423)	***	0.8730
人均受教育年限（年）	3.3749	0.2475	0.6420	(2.1360, 4.5339)	***	0.9491
居民恩格尔系数（%）	3.3770	0.3094	0.7366	(1.9956, 4.8295)	***	0.6560
家庭人均医疗保健支出（元）	1.8777	0.1502	0.5003	(1.0199, 2.9081)	***	0.7959
家庭人均文教娱乐支出（元）	1.4709	0.1233	0.3278	(0.9231, 2.1316)	***	0.7151
失业率（%）	1.1891	0.1700	0.3616	(0.5845, 2.0243)	***	0.3684

注：*** 表示1%的显著性水平。

标准化估计系数就是因子载荷。因子载荷大于0.5，表示用该指标反映潜变量的质量是比较好的。由表5－4可知，除了死亡率和失业率两个观测指标的标准化估计系数小于0.5以外，其他观测指标都大于0.5，并且大多数都在0.7以上，说明这些观测指标反映可行能力的质量是比较好的。至于死亡率和失业率，虽然不符合判断标准，但是其对一个社会人们生活状态的衡量是很重要的，因此测量模型中仍然保留这两个观测变量。

潜变量的组合信度为模型内在质量的判别准则之一，若是潜变量的组合信度在 0.60 以上，表示模型的内在质量理想（吴明隆，2010）。由表 5-4 中各观测变量的标准化估计系数可计算得到，该测量模型的组合信度为 0.9236，远大于 0.6，说明模型内在质量很理想。平均方差抽取量的大小可直接显示观测指标被潜变量所解释的变异量有多少是来自测量误差，平均方差抽取量越大，说明测量误差就越小，一般需要平均方差抽取量大于 0.5（吴明隆，2010）。同样由表 5-4 可计算得平均方差抽取量为 0.5177，大于 0.5，说明观测指标的测量误差比较小，能够有效地反映可行能力。

总之，可行能力的测量模型整体质量比较好，所选的观测指标能够有效反映可行能力这一潜变量。

在外生解释变量中，为了简化模型，基础设施也以潜变量的形式存在，因此，有必要查看基础设施测量模型的质量。表5-5 给出的是基础设施测量模型的模型适配度参数，所有适配度参数均符合要求，说明模型整体拟合程度良好。表 5-6 给出的是基础设施测量模型的估计结果，所有观测指标均在 1% 的显著水平上显著；标准化估计系数除了城市人均道路面积和每万人拥有医疗卫生机构床位数两个观测指标外，均大于 0.5；由各观测指标的标准化估计系数可计算得到组合信度为 0.7707，大于 0.6，平均方差抽取量为 0.3776，低于 0.5。虽然并不是每项指标都符合标准，但整体来看，基础设施的测量模型的质量可以接受。

表 5 − 5　基础设施测量模型的模型适配度参数

模型适配度参数	$Bollen -$ $Stine\ Chi^2$	DF	$\dfrac{Chi^2}{DF}$	GFI	$AGFI$	$NNFI$	CFI	$RMSEA$
评价标准	---	--	1 − 3	> 0.9	> 0.9	> 0.9	> 0.9	< 0.08
模型结果	12.537485	10	1.254	0.988	0.997	0.996	0.998	0.024

表 5 − 6　基础设施测量模型的估计结果

	估计系数	ML标准误	Bootstrap标准误	Bootstrap置信区间	P	标准化估计系数
城市燃气普及率（%）	1					0.7644
城市用水普及率（%）	1					0.8448
城市人均道路面积（平方米）	0.1724	0.0202	0.0652	(0.1058，0.3554)	***	0.4779
城镇人均城市绿地面积（平方米）	0.1685	0.0154	0.0486	(0.1192，0.3053)	***	0.5887
每万人拥有医疗卫生机构床位数（张）	0.2538	0.0399	0.0916	(0.1454，0.4904)	***	0.3424
小学平均规模（人/所）	8.4403	0.8304	1.8166	(6.1148，12.8163)	***	0.5227

注：*** 表示 1% 的显著性水平。

二　结构模型的实证结果

经济增长质量即经济增长过程中可行能力的提升，要计算经济增长质量，首先需要明确经济增长等因素与可行能力之间的关系。本章接下来分析影响可行能力的因素，即结构模型部分所揭示的问题。

（一）经济增长水平、社会条件、环境因素与可行能力

经济增长通过创造更多的资源来促进人们的发展，但是同一单位 GDP 的增加带来的发展效应则受经济增长结构的影响。那么经济增长带来的发展效应是否有显著差异呢？我们暂且不将经济增长结构纳入模型中，首先来看经济增长水平、社会条件和环境因素与可行能力之间的关系。方便起见，本书将其称为模型 1。

表 5 - 7 给出了模型 1 的模型适配度参数，除了卡方值比自由度和 RMSEA 略大于临界值外，其余各项指标均符合标准，模型整体拟合情况可以接受。

表 5 - 7　模型 1 的模型适配度参数

模型适配度参数	$Bollen-Stine\ Chi^2$	DF	$\frac{Chi^2}{DF}$	GFI	$AGFI$	$NNFI$	CFI	$RMSEA$
评价标准	----	--	1 - 3	>0.9	>0.9	>0.9	>0.9	<0.08
模型结果	909.4188	218	4.172	0.934	0.91	0.941	0.949	0.086

表 5 - 8 给出的是模型 1 的结构模型部分的参数估计结果。在这个模型中，人均 GDP 对可行能力有显著的正向影响，人均 GDP 每增加 1 万元，可带来可行能力提升 0.027769[1] 个单

---

[1]　单位人均 GDP 增加带来的 0.027769 个单位的可行能力提升，看似很小，但由于可行能力单位的问题，这一数值并不小。其他变量的系数也是如此。后面通过本章的模型估计的可行能力因子得分的均值是 0.0771099，最小值是 0.0095097，最大值是 0.2875914。

位；也就是说可行能力的水平在均值 0.0771099 时，人均 GDP
每增加 1 万元，可行能力将提升 36%，这印证了前面的理论。
人均 GDP 越高，表示经济体创造的资源越丰富，越有利于可
行能力的提升。人均 GDP 的平方项虽然不显著，但是其系数
为负，说明某种程度上经济增长对可行能力的影响还是存在边
际递减的作用，这一点在第四章的模型中已经被验证。由于人
均 GDP 与其平方项高度相关，因此可能造成人均 GDP 的标准
化估计系数略大于 1。由表 5－8 可以发现，人均 GDP 的标准化
估计系数是所有变量中最大的，哪怕除去人均 GDP 平方项的影
响，依然如此，由此可见，在目前这些变量中，经济增长对可
行能力的贡献是最大的。环境因素在这个模型中并不显著。社
会条件方面，人均医疗卫生财政支出每提高 100 元，可带来可行
能力提升 0.0083 个单位，说明增加医疗卫生方面的公共支出，
有利于可行能力的提升；人均教育财政支出的系数显著为负，
这与预期不一致，原因可能是当前政府在教育方面的管理有所
欠缺，以至于人均教育财政支出对可行能力的影响产生了严重
的负向作用，这一点在前面的理论模型中已经提过。

表 5－8　模型 1 的结构模型估计结果

	可行能力				
	估计系数	ML 标准误	Bootstrap 标准误	Bootstrap 置信区间	标准化估计系数
人均 GDP（万元）	0.027769 ***	0.002923	0.009817	(0.010365, 0.048313)	1.071413
人均 GDP 的平方	－0.000340	0.000246	0.000822	(－0.001610, 0.000977)	－0.12921

续表

	可行能力				
	估计系数	ML 标准误	Bootstrap 标准误	Bootstrap 置信区间	标准化估计系数
基础设施	− 0.000110	0.000162	0.000250	(− 0.001100, 0.000159)	− 0.03386
人均教育财政支出（元）	− 0.000051 ***	0.000009	0.000020	(− 0.000100, − 0.000021)	− 0.65045
人均社会保障就业财政支出（元）	0.000002	0.000004	0.000006	(− 0.000006, 0.000023)	0.016373
人均医疗卫生财政支出（元）	0.000083 ***	0.000018	0.000037	(0.000028, 0.000170)	0.425862

注：*** 表示 1% 的显著性水平。

　　那么经济增长带来的发展效应是否有显著差异呢？本章接下来做一个对比分析。图 5 - 3 描绘了 1998 年至 2013 年中国的经济增长速度，很明显，2008 年金融危机以前，经济增长速度

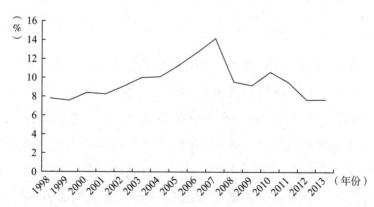

图 5 - 3　1998 ~ 2013 年中国经济增长速度

资料来源：国家统计局。

一直在上升，2008 年金融危机之后经济增长速度有所下滑。那
么经济增长对可行能力的提升作用是否也发生了这种变化呢？
本书将样本分为 1999~2007 年和 2008~2012 年两组，进行了
多群组的对比分析。

为了使 2008 年前后的模型具有可比性，2008 年前后两组
样本的测量模型的因子载荷被设定为相等，也就是说保证 2008
年前后两组样本的可行能力以及基础设施两个潜变量具有测量
不变性。表 5-9 给出的是在模型 1 的基础上，限定了测量模
型因子载荷相等后的模型适配度参数。从各项指标来看，均符
合判断标准，说明模型对数据的整体拟合状况良好。

表 5-9　模型 1 在 2008 年前后多群组分析的
模型适配度参数

模型适配度参数	Bollen - Stine Chi²	DF	$\frac{Chi^2}{DF}$	GFI	AGFI	NNFI	CFI	RMSEA
评价标准	---	--	1-3	>0.9	>0.9	>0.9	>0.9	<0.08
模型结果	1008.2169	451	2.2355	0.9330	0.9137	0.9570	0.9617	0.0534

表 5-10 给出了 2008 年金融危机前后两个阶段的模型结
果。所有变量的符号和显著性情况与 1999~2012 年整个阶段
的结果基本保持一致。无论是在 2008 年金融危机以前还是
2008 年金融危机以后，人均 GDP 对可行能力的贡献依然是所
有变量中最大的。同时可以发现一个有趣的现象，2008 年金融
危机之后，中国的经济增长率普遍下滑，而人均 GDP 对可行
能力的影响也发生了同样的变化。2008 年金融危机之前，1 万
元人均 GDP 的增加带来的可行能力的提升是 0.013812 个单位；

表5-10　模型1在2008年前后群组分析结构模型的估计结果

	1999~2007年可行能力			2008~2012年可行能力		
	标准化估计系数	估计系数	Bootstrap置信区间	标准化估计系数	估计系数	Bootstrap置信区间
人均GDP（万元）	0.013812***	(0.011460, 0.016741)	0.968176	0.010223***	(0.006478, 0.013247)	0.880100
	(0.000940)			(0.001236)		
	[0.001335]			[0.001766]		
人均GDP的平方	0.000151	(-0.000324, 0.000529)	0.074201	0.000082	(-0.000167, 0.000671)	0.070271
	(0.000122)			(0.000120)		
	[0.000211]			[0.000264]		
基础设施	0.000002	(-0.000060, 0.000047)	0.002219	-0.000193**	(-0.000478, -0.000028)	-0.046807
	(0.000023)			(0.000085)		
	[0.000028]			[0.000107]		
人均教育财政支出（元）	-0.000025***	(-0.000048, -0.000009)	-0.465459	-0.000021***	(-0.000035, -0.000008)	-0.411987
	(0.000005)			(0.000005)		
	[0.000010]			[0.000007]		

续表

	1999～2007 年可行能力			2008～2012 年可行能力		
	标准化估计系数	估计系数	Bootstrap 置信区间	标准化估计系数	估计系数	Bootstrap 置信区间
人均社会保障就业财政支出（元）	-0.000001 (0.000002) [0.000003]	(-0.000005, 0.000006)	-0.008330	0.000000 (0.000002) [0.000003]	(-0.000006, 0.000006)	-0.007245
人均医疗卫生财政支出（元）	0.000037* (0.000008) [0.000021]	(-0.000001, 0.000081)	0.280510	0.000041* (0.000011) [0.000019]	(0.000000, 0.000077)	0.310496

注：*** 表示 1% 的显著性水平，** 表示 5% 的显著性水平，* 表示 10% 的显著性水平；（ ）内的标准误是极大似然估计法的标准误，[ ] 内的标准误表示 Bootstrap 的标准误。

2008 年金融危机之后，1 万元人均 GDP 的增加带来的可行能力的提升是 0.010223 个单位，比前一阶段下降了 0.003589 个单位。如果按照可行能力在其均值附近来看，2008 年之前人均 GDP 每增加 1 万元，可行能力将提高 19.87%（2008 年之前可行能力的均值为 0.069500）；2008 年之后，人均 GDP 每增加 1 万元，可行能力只能提高 11.26%（2008 年之后可行能力的均值为 0.090807）。也就是说，2008 年金融危机之后，随着内外部环境的变换，中国逐步进入中高速增长的"新常态"，原有的经济发展模式对于提高人们的可行能力水平而言，其作用越来越弱[①]。这恰恰说明在新的时期，改变传统的经济发展模式刻不容缓，必须更加注重经济增长质量。

那么如何来提高经济增长质量呢？因为经济增长质量是经济增长过程中可行能力的提升，因此必须首先回归到如何提高可行能力上。经济增长对可行能力的影响取决于经济增长结构，因此，接下来继续分析经济增长结构是如何影响可行能力的。

（二）经济增长水平、经济增长结构、社会条件、环境因素与可行能力

现在，将（5-3）式中提到的影响可行能力的因素全部加入模型中，以探讨经济增长结构对可行能力的影响。方便起

---

① 虽然不少研究者都认同中国步入了中高速增长的"新常态"，也认为这种"新常态"不仅仅是增长速度的变化，更重要的是它意味着中国将进入一个新的发展阶段，在这个阶段，经济结构等都将发生变化。但目前，新的均衡并没有形成，中国经济只是在逐步改革和调整的过程中，因此，可以认为 2008 年前后中国的经济发展模式并没有出现质的改变。

见，本书将其称为模型 2。表 5－11 给出的是模型 2 的适配度
参数，所有指标均符合标准，说明模型整体的适配情况良好。

表 5－11　模型 2 的模型适配度参数

模型适配度参数	Bollen－Stine Chi²	DF	$\frac{Chi^2}{DF}$	GFI	AGFI	NNFI	CFI	RMSEA
评价标准	---	--	1－3	>0.9	>0.9	>0.9	>0.9	<0.08
模型结果	987.6479	353	2.798	0.948	0.932	0.96	0.966	0.064

　　表 5－12 给出的是模型 2 的结构模型的估计结果。在加入
了产业结构、城镇化率等刻画经济结构的变量之后，人均 GDP
对可行能力的影响就更加接近经济增长的水平值对可行能力的
影响，也就是说仅仅是由于资源的量的增加而带来的可行能力
的提升①。可以看出，人均 GDP 对可行能力的影响依旧较大，

---

① 经济增长质量即经济增长过程中可行能力的提升，它一方面取决于 GDP 的增量，
另一方面取决于单位 GDP 的增加带来的可行能力的提升（第四章曾经提到经济增
长质量指数是由 GDP 的增量和 GDP 对可行能力的偏效应的乘积得到的）。而单位
GDP 的增加对可行能力的偏效应之所以会不同，是因为经济增长结构或者说经济增
长模式不同。进一步说，经济增长质可以分解为两个部分：一个部分纯粹是因为
GDP 的增加，也就是财富水平的增加（保持经济结构不发生变化）而带来的可行
能力的提升；另一个部分则是由于经济增长结构的改善或者说经济增长模式的改善
带来的可行能力的提升（保持经济增长水平不变，而仅仅由于资源的分配方式发生
了变化）。因此，第四章的模型中，仅仅加入了人均 GDP，此时，它代表的是综合
的经济增长过程，而不仅仅是 GDP 水平的增加。理想状况下，如果能够控制所有
刻画经济增长结构或者说经济增长模式的变量的话，那么人均 GDP 前面的系数代
表的就仅仅是由于财富水平的增加而带来的可行能力的提升，而此时经济增长质量
就应该是人均 GDP 的增加、各种经济结构改善带来的可行能力的提升之和。但现
实是，没有办法控制所有的刻画经济结构或者说经济增长模式的变量，因此，在本
章的模型 2 中，作者认为"在加入了产业结构、城镇化率等刻画经济结构的变量之
后，人均 GDP 对可行能力的影响就更加接近经济增长的水平值对可行能力的影响"
而不是"就是"。也正因为如此，本章的经济增长质量是人均 GDP 的增加、产业结
构、城镇化率等改善带来的可行能力提升之和。

相比模型 1，标准化估计系数已经大大下降了，由 1.071413 下降到 0.546924。产业结构、城镇化率等刻画经济结构的变量确实能够解释经济增长偏效应的不同。

表 5-12　模型 2 的结构模型的估计结果

	可行能力					
	估计系数	ML标准误	Bootstrap标准误	Bootstrap置信区间	P	标准化估计系数
人均 GDP（万元）	0.012458	0.001328	0.002728	(0.009083, 0.017071)	**	0.546924
基础设施	-0.000226	0.000095	0.000177	(-0.000681, -0.000024)	**	-0.079824
人均教育财政支出（元）	-0.000022	0.000007	0.000010	(-0.000052, -0.000009)	***	-0.313297
人均社会保障就业财政支出（元）	0.000005	0.000003	0.000005	(-0.000003, 0.000021)		0.057829
人均医疗卫生财政支出（元）	0.000063	0.000016	0.000021	(0.000029, 0.000118)	***	0.361182
城镇化率（%）	0.000582	0.000088	0.000229	(0.000175, 0.001030)	***	0.296257
产业结构高级化	0.005952	0.001903	0.003724	(0.000043, 0.014723)	**	0.088028
产业结构合理化	-0.000367	0.000058	0.000121	(-0.000722, -0.000185)	***	-0.187132
资本形成率的平方	-0.000007	0.000003	0.000003	(-0.000018, -0.000002)	***	-0.385890
资本形成率（%）	0.000572	0.000301	0.000377	(0.000046, 0.001672)	**	0.253229

	可行能力					
	估计系数	ML标准误	Bootstrap标准误	Bootstrap置信区间	P	标准化估计系数
劳动报酬占比（%）	0.002112	0.000870	0.001161	（0.000272,0.005156）	**	0.490225
劳动报酬占比平方	-0.000028	0.000009	0.000013	（-0.000064,-0.000009）	***	-0.633210

注：*** 表示 1% 的显著性水平，** 表示 5% 的显著性水平，* 表示 10% 的显著性水平。

接下来分析经济结构对可行能力的影响。城镇化率呈显著的正向影响，城镇化水平每提高 10 个百分点，可行能力提升 0.00582 个单位；也就是说当可行能力位于其均值 0.0771099 时，城镇化水平提高 10 个百分点，可行能力将提升 7.55%。这可能是因为城市存在规模和集聚的效应，成本更加低廉，各种资源和公共服务更加丰富，从而城镇化率有利于促进人们可行能力的提升；另外，城镇化发展的同时，也意味着产业的集中以及劳动的分工，因此有利于创造更多的就业机会。

从产业结构方面来说，产业结构合理化指标的系数显著为负，产业结构合理化指标每增加 10 个单位[1]，可行能力下降 0.00367 个单位，即当可行能力为均值 0.0771099 时，产业结构合理化每上升 10 个百分点，可行能力将下降 4.76%。这说明产业结构越不合理，人们的可行能力越低。产业结构合理化反映了产业之间的协调程度和资源的有效利用程度，它是要素

———————

[1] 产业结构合理化指标的最小值为 1.689569，最大值为 88.02636，均值为 27.3638。

投入结构和产出结构耦合程度的一种衡量。产业结构越不合理，说明经济增长模式越不符合当地的资源禀赋，就会直接影响人们的就业和收入，进而阻碍可行能力的提升。产业结构高级化指标的系数显著为正，产业结构高级化指标每增加 1 个单位，可行能力提升 0.005952 个单位，也就说当可行能力为均值时，可行能力将上升 7.72%。产业结构越高级，说明服务业所占比重比较高，这一方面有利于为生产服务，促进经济增长，另一方面有利于创造就业，提高人们的收入，从而促进人们可行能力的提升。

　　投资能够促进经济增长，进而创造更多的财富，我国也一直依靠投资来促进经济增长。但是从表 5 - 12 可以看出，资本形成率对可行能力的影响呈现显著的倒 U 形关系，当资本形成率超过 40.86% 之后，资本形成率对可行能力将产生负向影响。本书的样本中，2012 年 31 个省份的资本形成率均值是 64.11%，此时资本形成率每增加 1 个百分比，可行能力将降低 0.000326 个单位；而 2012 年 31 个省份的可行能力得分均值是 0.101562，此时，资本形成率每增加 1 个百分点，可行能力将下降 0.32%。从促进可行能力提升或者说惠及民生的角度来看，资本形成率有一个最优值，而目前我国很显然已经超过了这个最优值。过度的依赖投资，将出现产能过剩、资源浪费等情况，不利于经济的持续增长；并且由于政绩的需要，这些投资往往没有进入市场最需要的部门，部分挤压了流入有利于促进发展的部门的资金。总之，一味依赖投资拉动经济增长，将会有损可行能力的提升。

　　劳动报酬是 GDP 中劳动要素所得的部分，在 GDP 一定的情况下，劳动报酬占比越大，说明收入分配越公平，也意味着人们的收入水平越高，从而有利于提升可行能力。表5-12显示，在1999~2012年，我国劳动报酬占比对可行能力的影响呈现倒U形关系，其最优点是37.71%，而此阶段我国劳动报酬占比的均值是47.79%，绝大多数样本的劳动报酬占比都超过了37.71%，似乎是当劳动报酬占比越多，反而会有损可行能力。为什么会出现这种不合预期的现象呢？这可能与我国的发展阶段相关。世界各国在经济发展过程中，随着劳动力由农业部门流向工业部门，劳动报酬在初次分配中的份额呈现倒U形，也就是先下降后上升，而这一转折点大概是人均GDP为6000美元时（2000年的购买力平价），中国也符合这一基本规律（李稻葵等，2009）。而当前阶段，中国的产业结构主要从农业向工业再向服务业不断升级，初次收入分配中主要向资本倾斜，因此劳动报酬占比总体呈现下降趋势（石涛、张磊，2012）。而产业结构的优化升级，是有利于经济增长，促进人们生活质量改善的。因此，从整体上来看，随着劳动报酬占比的不断下降，可行能力是上升的。但是，从劳动报酬占比与可行能力的倒U形关系的前半段来看，也就是当劳动报酬占比非常低的时候，劳动报酬占比的提高是有利于可行能力提升的，这点证明了文章前面的观点。本章的样本中，劳动报酬占比较低的地区，恰恰是那些发展程度比较高，也就是劳动报酬占比经历了下降阶段开始进入上升阶段的地区，比如北京劳动报酬由42%上升到50%，上海劳动报酬占比由36%上升到41%。

三 经济增长质量的测度、分解及其时间阶段比较

至此，本书已经分析了经济增长水平和经济增长结构与可行能力之间的关系。接下来，本书在此基础上估计出可行能力得分，然后计算出经济增长质量指数。

（一）可行能力得分和经济增长质量的测度

本书首先根据模型估计出可行能力得分，作为可行能力的值。表5-13给出的是所有省份和东部、中部、西部的可行能力得分情况。与第四章的结果相同，东部、中部、西部可行能力得分的均值依次降低，分别是0.099443、0.074593、0.058316。图5-4展

表5-13 可行能力得分的描述性统计

	观测样本	均值	标准误	最小值	最大值
全部省份	434	0.077110	0.031724	0.009510	0.287591
东部	154	0.099443	0.038900	0.058645	0.287591
中部	112	0.074593	0.012351	0.051703	0.103611
西部	168	0.058316	0.017385	0.009510	0.100614

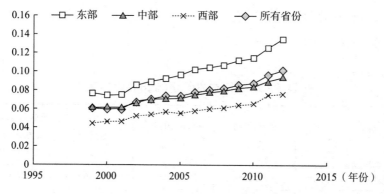

图5-4 1999~2012年可行能力得分的变化情况

资料来源：由本章模型估计的31个省份在1999~2012年的可行能力得分。

示的是可行能力得分随着时间的变化情况。整体来看，可行能力都是在增加的，相对而言，东部地区可行能力增加更快一些；西部地区一直落后于全国平均水平，而中部地区与全国平均水平的差距有扩大的趋势。

表 5-14 是利用所有样本计算的经济增长质量指数及其组成要素。其中，因子得分权重即（5-7）式中各个变量相应的系数，经济增长质量组成要素即表中各个变量带来的可行能力的提升，经济增长质量指数就是这些组成要素之和。1999~2012 年，经济增长带来的可行能力的提升总共是 0.016359。其中，由人均 GDP 带来的经济增长质量的提升最多，为0.013062，占总的经济增长质量的 79.85%；城镇化率使经济增长质量提升了 0.004149，占比 25.36%；资本形成率的上升导致经济增长质量下降了 0.002457；产业结构合理化有所改善，在 1999~2012 年，下降了 1.5956，导致经济增长质量增加了 0.000235，占总的经济增长质量的 1.44%；产业结构高级化指标略有下降，使经济增长质量降低了 0.000205；劳动报酬占比下降了 5 个百分点左右，使经济增长质量增加了0.001576，占比为 9.63%。

表 5-14 全样本经济增长质量指数

	因子得分权重	1999~2012 年的增量	经济增长质量组成要素	经济增长质量各要素占比（%）
人均 GDP（万元）	0.004966	2.630193	0.013062	79.8460
城镇化率（%）	0.000234	17.731500	0.004149	25.3622
产业结构高级化	0.002379	-0.086273	-0.000205	-1.2531

续表

	因子得分权重	1999～2012 年的增量	经济增长质量组成要素	经济增长质量各要素占比（%）
产业结构合理化	- 0.000147	- 1.595600	0.000235	1.4365
资本形成率（%）	0.000229	19.536500	- 0.002457	- 15.0193
资本形成率的平方	- 0.000003	2310.3900		
劳动报酬占比（%）	0.000845	- 5.594700	0.001576	9.6338
劳动报酬占比的平方	- 0.000011	- 573.07300		
经济增长质量指数			0.016359	

（二）经济增长质量的时间阶段比较

前文曾经分析，经济增长对可行能力的偏效应在金融危机前后是有所差别的。那么经济增长质量及其组成部分在金融危机前后有什么变化呢？在计算经济增长质量之前，需要分析 2008 年前后人均 GDP 以及经济增长结构等变量对可行能力的影响差异。

为了使 2008 年前后模型具有可比性，本章将模型 2 中测量模型的因子载荷设定为相等，然后对 2008 年前后两组样本进行群组分析。表 5 - 15 给出了模型的适配度参数，所有指标符合判断标准，说明模型整体适配情况良好。

表 5 - 15　模型 2 在 2008 年前后群组分析的模型适配度参数

模型适配度参数	Bollen - Stine Chi^2	DF	$\frac{Chi^2}{DF}$	GFI	AGFI	NNFI	CFI	RMSEA
评价标准	---	--	1 - 3	> 0.9	> 0.9	> 0.9	> 0.9	< 0.08
模型结果	1345.9573	721	1.8668	0.9359	0.9192	0.9652	0.9691	0.0447

表 5 - 16 给出的是模型 2 在 2008 年前后两组样本对比分析的结果。无论是在金融危机之前还是金融危机之后，人均 GDP 对可行能力的影响依然是显著为正的。人均 GDP 每增加 1 万元，带来可行能力的提升分别是 0.012393 个和 0.004009 个单位，显然金融危机之后人均 GDP 对可行能力的偏效应下降了，也就是财富水平的增加对可行能力的影响下降了，大概下降了67.65%。另外，金融危机之前，人均 GDP 对可行能力的影响在模型所有变量中是最大的（标准化估计系数为 0.949774），而金融危机之后，人均 GDP 对可行能力的影响与其他变量相比大大下降（标准化估计系数已经不是最大的了），加之基础设施和财政支出的标准化估计系数在前后两个阶段变化并不大，因此可推知，金融危机之前可行能力主要是受财富水平增加的影响，而金融危机之后，可行能力主要受结构性因素影响。

经济结构方面，金融危机之前，城镇化率每提高 10 个百分点，可行能力提升 0.00057 个单位，即当可行能力为均值0.0695 时，可行能力将提升 0.82%；金融危机之后，城镇化率每提高 10 个百分点，可行能力将提升 0.00571 个单位，也就是说当可行能力为均值 0.090807 时，可行能力将提升6.29%。显然，城镇化率对可行能力的影响在金融危机之后大大增加。产业结构高级化在金融危机之前，对可行能力的影响并不显著，而在金融危机之后则显著为正，与前面的分析保持一致，其每提高 1 个单位，可行能力将提升 0.006724 个单位，占可行能力均值的 7.4%。产业结构合理化指标在两个阶段对可行能力的影响都显著为负，也与前面的分析保持一致。不同

表5-16　模型2在2008年前后群组分析结构模型的估计结果

	1999~2007年可行能力			2008~2012年可行能力		
	估计系数	Bootstrap置信区间	标准化估计系数	估计系数	Bootstrap置信区间	标准化估计系数
人均GDP（万元）	0.012393***	(0.009663, 0.014328)	0.949774	0.004009***	(0.002258, 0.005761)	0.408690
	(0.000733)			(0.000808)		
	[0.001132]			[0.000995]		
基础设施	-0.000042**	(-0.000106, -0.000006)	-0.050568	-0.000110*	(-0.000292, 0.000018)	-0.034216
	(0.000021)			(0.000062)		
	[0.000023]			[0.000074]		
人均教育财政支出（元）	-0.000017**	(-0.000039, -0.000003)	-0.327091	-0.000010**	(-0.000019, -0.000002)	-0.257169
	(0.000005)			(0.000003)		
	[0.000009]			[0.000005]		
人均社会保障就业财政支出（元）	-0.000001	(-0.000006, 0.000005)	-0.013535	-0.000002	(-0.000006, 0.000004)	-0.043238
	(0.000002)			(0.000002)		
	[0.000003]			[0.000002]		

续表

	1999～2007 年可行能力			2008～2012 年可行能力		
	估计系数	Bootstrap 置信区间	标准化估计系数	估计系数	Bootstrap 置信区间	标准化估计系数
人均医疗卫生财政支出（元）	0.000032 * (0.000009) [0.000019]	(− 0.000004, 0.000074)	0.259496	0.000033 *** (0.000009) [0.000013]	(0.000010, 0.000058)	0.321016
城镇化率（%）	0.000057 ** (0.000026) [0.000030]	(0.000003, 0.000124)	0.082596	0.000571 *** (0.000109) [0.000127]	(0.000317, 0.000828)	0.465131
产业结构高级化	− 0.000404 (0.000707) [0.000905]	(− 0.002044, 0.001524)	− 0.015875	0.006724 ** (0.001524) [0.002787]	(0.001410, 0.012212)	0.200546
产业结构合理化	− 0.00007 *** (0.000017) [0.000020]	(− 0.000114, − 0.000033)	− 0.106387	− 0.000166 *** (0.000043) [0.000047]	(− 0.000267, − 0.000083)	− 0.143364

续表

	1999～2007年可行能力			2008～2012年可行能力		
	估计系数	Bootstrap置信区间	标准化估计系数	估计系数	Bootstrap置信区间	标准化估计系数
资本形成率（%）	0.000259** (0.000126) [0.000146]	(0.000002, 0.000580)	0.275733	0.000887** (0.000269) [0.000377]	(0.000067, 0.001574)	0.732234
资本形成率的平方	-0.000003** (0.000001) [0.000001]	(-0.000006, 0.000000)	-0.326989	-0.000007** (0.000002) [0.000003]	(-0.000013, -0.000002)	-0.822365
劳动报酬占比（%）	0.000935*** (0.000258) [0.000329]	(0.000272, 0.001595)	0.667680	-0.000795 (0.000994) [0.001362]	(-0.003517, 0.001779)	-0.289479
劳动报酬占比平方	-0.00001*** (0.000003) [0.000003]	(-0.000016, -0.000003)	-0.707615	0.000006 (0.000010) [0.000015]	(-0.000022, 0.000036)	0.214821

注：*** 表示1%的显著性水平，** 表示5%的显著性水平，* 表示10%的显著性水平；（ ）内的标准误差是极大似然估计法的标准误差，[ ]内的标准误差表示Bootstrap的标准误差。

的是，产业结构的恶化对可行能力的负向作用在金融危机之后更明显，产业结构合理化指标每增加 10 个单位，可行能力由金融危机前降低 0.0007 个单位到金融危机后降低 0.00166 个单位。资本形成率对可行能力的影响依然呈现显著的倒 U 形关系。金融危机前后，资本形成率在其均值附近的变动对可行能力的影响基本相同。劳动报酬占比在 2008 年金融危机之前对可行能力的影响呈现显著的倒 U 形关系，与前面的全样本模型保持一致。而 2008 年金融危机之后，劳动报酬对可行能力的影响则并不显著。

表 5-17 给出的是根据模型 2 在 2008 年金融危机前后群组比较的基础上计算的两个阶段的经济增长质量指数。2008 年金融危机之前，经济增长带来的可行能力提升总共是 0.008657，即这 8 年的经济增长质量指数是 0.008657，平均每年的经济增长质量（经济增长带来的可行能力的提升）是 0.001082。2008 年金融危机之后，4 年间的经济增长质量是 0.003063，平均每年的经济增长质量是 0.000766，比前一个阶段每年低 0.000316。

人均 GDP 在 2008 年之前，平均每年增加 1467 元（按照 1999 年不变价格计算），带来的可行能力提升是 0.001062 个单位，占经济增长质量的 98.16%；人均 GDP 在 2008 年之后，平均每年增加 3056 元，基本上是 2008 年之前的两倍，带来的可行能力的提升却只有 0.000521 个单位，是前一阶段的 49.06%，占经济增长质量的 68.04%。显然，2008 年之前，经济增长质量中人均 GDP 的影响更大，这主要是因为人均 GDP 对可行能力的偏效应在 2008 年之前比 2008 年之后要大。

表5-17　2008年前后经济增长质量指数及其组成要素

	1999~2007年						2008~2012年					
	因子得分权重	相应经济变量的增量	相应经济变量平均每年增量	经济增长质量各组成要素	平均每年的经济增长质量各组成要素	经济增长质量各要素占比（%）	因子得分权重	相应经济变量的增量	相应经济变量平均每年增量	经济增长质量各组成要素	平均每年的经济增长质量各组成要素	经济增长质量各要素占比（%）
人均GDP（万元）	0.007239	1.1739	0.1467	0.008498	0.001062	98.1633	0.001705	1.2223	0.3056	0.002084	0.000521	68.0378
城镇化率（%）	0.000034	11.7202	1.4650	0.000398	0.000050	4.5974	0.000228	4.5647	1.1412	0.001041	0.000260	33.9863
产业结构高级化	-0.000240	-0.0973	-0.0122	—	—	—	0.002781	0.0191	0.0048	0.000053	0.000013	1.7303
产业结构合理化	-0.000041	1.7830	0.2229	-0.000073	-0.000009	-0.8432	-0.000068	-3.2451	-0.8113	0.000221	0.000055	7.2151
资本形成率（%）	0.000154	9.4268	1.1784	-0.000474	-0.000059	-5.4753	0.000368	8.5259	2.1315	-0.000336	-0.000084	-10.9696
资本形成率平方	-0.000002	962.9420	120.3678				-0.000003	1157.7180	289.4295			
劳动报酬占比（%）	0.000549	-8.4762	-1.0595	0.000308	0.000038	3.5578	-0.000316	-1.2133	-0.3033	—	—	—
劳动报酬占比平方	-0.000006	-826.9050	-103.3631				0.000002	-120.9800	-30.2450			
经济增长质量指数				0.008657	0.001082					0.003063	0.000766	

虽然模型中控制了经济增长结构等变量，试图解释人均 GDP 对可行能力的影响仅仅是因为财富水平的增加，但很显然，现实是无法控制所有能够描述经济发展模式的经济结构的变量的[①]。

城镇化率在 2008 年之前，平均每年增加 1.47 个百分点，可行能力提升 0.00005 个单位，占经济增长质量的 4.6%；2008 年之后，城镇化率平均每年增加 1.14 个百分点，与 2008 年之前相差不多，然而带来的可行能力提升是 0.00026 个单位，是上个阶段的 5 倍，占经济增长质量的 33.99%。产业结构高级化在 2008 年之前略有下降，但是因为对可行能力的影响不显著，因此视其影响为 0；2008 年之后，产业结构高级化指标平均每年增加 0.0048 个单位，可行能力提升 0.000013 个单位，占经济增长质量的 1.73%，影响比较小。产业结构合理化指标在 2008 年之前平均每年增加 0.2229 个单位，说明产业结构不合理的水平加剧了，从而导致可行能力下降 0.000009 个单位，使经济增长质量下降了 0.84%，作用比较微弱；2008 年之后，产业结构合理化指标平均每年下降 0.8113 个单位，说明这一阶段产业结构的合理化逐渐改善，从而带来可行能力提升 0.000055 个单位，占经济增长质量的 7.2%，其对经济增长质量的贡献明显大于前一阶段。资本形成率在 2008 年之前平均每年提高 1.18 个百分点，导致可行能力下降 0.000059 个单位，使经济增长质量下降 5.48%；2008 年之后，资本形成

[①] 因为理想状况下，如果能够控制所有表现经济发展模式的变量的话，那么单位财富的增加带来的可行能力的提升应该是相等的。

率平均每年提高 2.13 个百分点，导致可行能力下降 0.000084 个单位，使经济增长质量下降了 10.96%，这段时间资本形成率对经济增长质量的负向影响约是前一阶段的 2 倍。劳动报酬占比在 2008 年之前，为经济增长质量贡献了 3.56%；在 2008 年之后，劳动报酬占比对可行能力的影响不显著，因此视其为 0。

总之，2008 年之前的经济增长质量略高于 2008 年之后，看来经济危机对我国的确造成了冲击。2008 年之前较高的经济增长质量主要得益于人均 GDP 对可行能力较大的偏效应，而其他结构性因素对经济增长质量的影响并不大。2008 年之后，虽然人均 GDP 的增加仍然解释了经济增长质量的大部分，然而经济结构因素在经济增长质量中的贡献显著增加，尤其是城镇化率和资本形成率。从经济增长质量来看，2008 年之后，过度依赖投资带来的负面作用明显大于 2008 年之前，这更加说明，金融危机之后继续简单地靠投资拉动经济增长的做法愈发不可取，需要寻找新的经济发展方式。

第四节　结论

经济增长质量即寓于经济增长过程中由经济增长带来的可行能力的提升。经济增长质量是一个宏观概念，应用于对地区经济增长绩效的评价，因此，其着眼的可行能力必然是这个地区全体民众的可行能力。而衡量一个地区全体民众的可行能力，最理想的方式应该是按照某种原则（尤其是考虑到正义或者公平的问题）将地区所有民众的个体可行能力进行加总，也就是说整个地区的福利状况应该是个体福利的加总，比如将所有个体视为同等重要进行简单加总的功利主义，或者将弱势群体赋予更多权重的罗尔斯主义。然而由于数据有限，本章直接利用统计年鉴中的宏观统计数据，比如地区的死亡率、失业率、人均受教育年限等来直接衡量某一地区人们可行能力的一般状况。

经济增长对一个地区可行能力的影响不仅取决于其创造资源的情况，更在于这些资源在不同人群及不同部门间的分配。也就是说，不仅人均 GDP 所代表的财富水平会影响可行能力，反映经济发展模式的经济结构变量也会影响可行能力。因此，本章在第四章的基础上，不仅计算了经济增长质量，还对经济增长质量的组成要素进行了分解，即把经济增长质量看作财富水平和结构变化带来的可行能力提升之和。这种改进方式也便于进一步分析经济增长质量的影响因素。

本章理论模型基于的基础仍然是 Sen 的可行能力理论，只是由于研究视角从微观调整到宏观，本章又利用 Ranis 等关于经济增长和发展之间关系的理论对模型做出了调整。同样是考虑到可行能力作为潜变量的不可观测性，本章使用的仍然是结构方程模型，以发挥其同时结合因子分析和路径分析的优势。

本章利用我国 31 个省份自 1999～2012 年的宏观数据，讨论了经济增长以及产业结构、城镇化率等经济结构与可行能力之间的关系，然后在此基础上测算了这段时间各省份的平均经济增长质量及其组成要素，并且比较了 2008 年金融危机前后经济增长质量及其组成要素的变化情况。

本章主要有以下结论。

第一，人均 GDP 仍然是促进可行能力提升的重要影响因素。人均 GDP 越高，意味着经济增长能够为人们提供的资源越多，无论是通过提高个人收入，还是通过提供丰富的产品和服务以及公共产品，人均 GDP 都能够有效地促进可行能力的提升。

第二，单位经济增长对可行能力的作用受经济发展模式的影响。当模型中加入了能够反映经济发展模式的表现经济结构的各种变量后，人均 GDP 对可行能力的偏效应就大大下降了。因此，要提高经济增长质量，除了要保证一定的经济增长水平之外，还要注意经济结构的均衡，因为它们不仅决定了经济增长的持续性，而且决定了资源在不同群体之间、不同部门之间的分配，这会影响整个地区人们可行能力的提升。

第三，从提高可行能力，或者说提高经济增长质量的角度来说，资本形成率有一个最优值，一旦经济体过度依赖投资拉动经济增长，超过这一临界值时，将有损经济增长质量。而目前我国的资本形成率已经远远超过这一临界值，这进一步证明了当前我国不能继续简单依靠投资来拉动经济增长。

第四，就产业结构来说，产业结构合理化指标反映了一个地区产业结构与当地资源禀赋的耦合程度，产业结构越合理，说明该地区越好地发挥了其比较优势，这有利于改善当地的收入分配格局，从而提升可行能力。产业结构越高级，说明服务业所占比重越大，越有利于增加就业岗位，提高人们的收入，从而提升人们的可行能力。

第五，城镇化率对可行能力有显著的正向影响。这可能是因为城市由于规模和集聚的效应，各种资源和公共服务都更加丰富，从而有利于促进人们可行能力的提升；另外，城镇化发展的同时，也意味着产业的集中以及劳动的分工，这会创造更多的就业机会。

第六，劳动报酬占比与可行能力呈倒 U 形关系。我国目前仍处于工业化进程中，劳动报酬占比与可行能力之间仍然以负向关系居多。然而，倒 U 形关系的前半段（两者是正向关系）证明了，当工业化进程基本完成之后，提高劳动报酬占比是有利于可行能力提升的，也就是说越公平的收入分配格局越有利于可行能力的提升。

第七，2008 年金融危机之后，我国面临的国际国内环境发生了深刻变化，经济增长速度下滑，经济增长质量也下降了。人均 GDP 对经济增长的贡献在 2008 年金融危机之后大大下降，而资本形成率对经济增长质量带来的负向作用显著上升。这进一步说明了金融危机之后，原有的经济发展模式难以持续，仅仅关注 GDP 总量的话，将最终损害经济增长质量。

需要注意的是，虽然本章一直在讨论经济增长水平与经济增长结构对可行能力的影响，然而由于经济增长质量就是经济增长过程中可行能力的提升，因此，这些因素同样会影响经济增长质量。

如果能够从微观个体的可行能力，遵循一定的正义原则，加总成整个地区的可行能力，这对于从宏观视角研究经济增长质量来说是更理想的路径，然而由于数据所限，目前无法这样进行。另外，关于经济发展模式如何影响可行能力，如何构成经济增长质量的组成部分，本章可能讨论的仅仅是其中较少的一部分，因此需要在以后的研究中一方面深入讨论它们的作用机制，另一方面需要关注更多的可能的影响因素。上述这两点是本章研究内容的不足，也是以后研究的重点。

第六章
地区经济增长质量的比较及
影响因素分析

　　第四章从微观视角提出了基于可行能力的经济增长质量的测度方法，然后利用 CFPS 中 2010 年的数据以及 2010 年相关省份的宏观数据测算了 2010 年这些省份的平均经济增长质量，并比较了东部、中部、西部三个地区的经济增长质量。紧接着，在第五章，为了能够将空间和时间的分析范围扩大，本书从宏观视角提出了经济增长质量的测度方法，并进一步提出了经济增长质量组成要素的分析方法，然后利用 1999～2012 年 31 个省份的宏观数据，测算了这一阶段 31 个省份的平均经济增长质量，并进一步对比分析了 2008 年金融危机前后经济增长质量及其组成要素的平均变化情况。前面两章，无论是东部、中部、西部的空间比较分析，还是 2008 年金融危机前后的时间对比分析，都没有对每一个省每一年的经济增长质量做出评价。然而，经济增长质量指数只有对每个地区任一时间段的经济增长绩效做出评价，才能够在实践中有效引导政策的制定。这一章将利用前面两章提出的理论，对中国 31 个省份的经济增长质量从空间和时间上做出对比分析，并进一步讨论了经济增长质量的影响因素。这一章可以看作对前面几章提出的相关理论的一种实际应用。

第一节　经济增长质量的空间和
时间比较分析

一　经济增长质量的测度及其一般情况描述

本书中，经济增长质量被定义为经济增长过程中由经济增长带来的可行能力的提升。因此，要计算经济增长质量指数，首先要知道单位经济增长对可行能力的偏效应，其次再据此计算经济增长质量指数。第四章和第五章提出的，利用结构方程模型计算经济增长质量指数的方法，都是基于这种思想进行的。这也就决定了无法利用一个省在一年的省级层面的数据来计算这个省当年的经济增长质量指数，除非利用这个省的县市一级的数据进行测算，而在公开渠道所获得的县市一级的数据往往没有省一级数据那么丰富。因此，为了能够对每个省每一年的经济增长质量做出评价，本章对前两章提出的经济增长质量指数计算方法做出了微调整。

经济增长质量即经济增长过程中可行能力的提升，那么可否用可行能力的增量来近似经济增长质量呢？本章首先利用第五章的模型估计出可行能力的因子得分，以此作为可行能力的水平值，其次用相邻两年可行能力的差分，即可行能力的增量作为经济增长质量指数[1]。根据第四章和第五章的模型可知，可行能力取决于经济增长（包括人均 GDP 和经济结构）、社会条件、环境因素和个人特征。当我们运用宏观层面的数据衡量可行能力时，就已经消除了个人特征所带来的影响。一个地区的社会人文环境、自然环境是相对比较稳定的，差分之后其影响基本上就消失了。而基础设施和政府的公共支出相对而言，也是受经济增长影响比较大的，尤其是做了差分之后，其增量更是取决于经济增长所带来的成果。因此，差分之后的可行能力基本上就可以认为主要是由经济增长所带来的，即经济增长质量。这样每个省份、每一年都可以计算出一个经济增长质量指数，以便下一步的比较分析。

表 6-1 给出的是 31 个省份 2000～2012 年的经济增长质量指数的描述性统计。2000～2012 年，31 个省份经济增长质量的均值是 0.3489，最小值为 -0.8881，说明这期间有的省份可行能力反而下降了。从均值来看，三大地区中，东部地区经济增长质量最高，其次是中部，西部地区经济增长质量最低；另外，中部地区虽然高于西部地区，但差距很小，而东部地区的经济增长质量却远远高于中部和西部。从变异程度来看，东部地区也是变异程度最大的地区，中部地区最小。

---

[1] 由于做差分，损失一年的样本，即经济增长质量指数是 2000～2012 年，而不是原来的 1999～2012 年。

表 6 - 1　经济增长质量指数的描述性统计

	观测样本	均值	标准差	最小值	最大值
全样本	403	0.3489	0.3772	- 0.8881	3.6771
东部	143	0.5186	0.4921	- 0.4074	3.6771
中部	104	0.2725	0.2025	- 0.2566	1.0196
西部	156	0.2443	0.2800	- 0.8881	1.3571

注：在上一章中计算的可行能力都是小于 1 的，数值比较小，为了便于分析，本章将计算的经济增长质量指数都扩大了 100 倍。

　　图 6 - 1 描绘了全国和东部、中部、西部每年经济增长质量指数均值随时间的变化趋势。可以看到，所有年份经济增长质量指数的均值都是大于 0 的，说明整体来看，各个地区的可行能力随着时间都是在不断改善的。东部地区的经济增长质量呈波动上升的趋势，全国平均水平和中部地区也略微呈现这种趋势，然而西部地区基本上没有这种趋势，说明从时间变化上来看，东部地区的经济增长质量是逐步在改善的。从东部、中

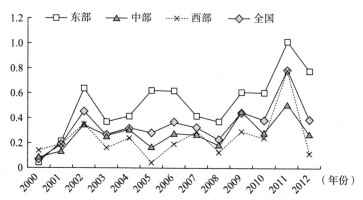

图 6 - 1　2000 ~ 2012 年经济增长质量指数的变化趋势

资料来源：按照本书方法计算的 31 个省份的经济增长质量指数。

部、西部的差距来看，前两年，东部、中部、西部地区的差距并不明显，甚至东部地区的经济增长质量还要略低于中部和西部，然而随着时间的变化，东部地区的经济增长质量与中部、西部地区间的差距呈扩大的趋势。另外，从全国层面来看，2003年、2008年和2012年，经济增长质量有明显的下降趋势。

二　各省份经济增长质量及其排名

本书接下来看31个省份具体的经济增长质量指数及其排名情况。表6-2给出了每个省份1999~2012年的经济增长质量指数。经济增长质量即经济增长过程中可行能力的提升，因此，负的经济增长质量指数意味着可行能力的下降。从表6-2可以看出，31个省份在大部分年份经济增长质量指数都是正的，说明整体上可行能力是在不断提升的。31个省份中，经济增长质量指数全部为正的省份有河北、山西、黑龙江、江苏、浙江、山东、湖北、湖南、广东和重庆共10个省份，其中，东部地区占了5个，中部地区占了4个，而西部地区只有1个。经济增长质量指数为负的年份较多的省份有西藏（有5年为负）、青海（有4年为负）、甘肃和云南（有3年为负），全部集中在西部地区。因此，从空间来看，西部地区的经济增长质量堪忧。从时间维度来看，较多省份发生可行能力倒退的年份有2000年（9个）、2003年（5个）、2005年（6个）和2008年（6个）。关于经济增长质量变动的原因，本章会在后面的部分进行讨论。

表6-3给出的是31个省份的经济增长质量和人均GDP的排名。由2000~2012年平均排名情况来看，经济增长质量排

表 6-2 31 个省份的经济增长质量指数（2000~2012 年）

	2000 年	2001 年	2002 年	2003 年	2004 年	2005 年	2006 年	2007 年	2008 年	2009 年	2010 年	2011 年	2012 年
北京	-0.407	0.294	1.815	0.652	0.800	1.182	1.634	0.791	1.224	0.544	0.945	2.189	3.677
天津	-0.078	0.219	0.994	0.320	0.655	1.270	0.689	0.692	0.543	0.715	0.841	1.479	1.292
河北	0.105	0.172	0.406	0.411	0.220	0.042	0.145	0.176	0.023	0.384	0.402	0.526	0.210
山西	0.095	0.065	0.386	0.185	0.023	0.198	0.410	0.145	0.121	0.260	0.297	0.482	0.342
内蒙古	0.247	0.110	0.373	-0.147	0.167	0.262	0.190	0.359	0.360	0.549	0.463	0.963	0.212
辽宁	-0.048	0.301	0.190	0.504	0.086	0.373	0.402	0.314	0.251	0.876	0.294	0.491	0.730
吉林	-0.257	-0.168	0.548	0.092	1.020	0.083	0.269	0.065	0.114	0.637	0.124	0.487	0.336
黑龙江	0.038	0.111	0.327	0.124	0.343	0.379	0.180	0.375	0.191	0.744	0.251	0.527	0.073
上海	-0.258	0.224	1.167	0.821	0.636	1.825	1.138	0.862	0.855	1.190	1.094	1.799	0.635
江苏	0.271	0.172	0.269	0.268	0.259	0.482	0.473	0.252	0.279	0.489	0.562	1.079	0.597
浙江	0.307	0.230	0.508	0.259	0.417	0.333	0.843	0.165	0.379	0.588	0.688	0.818	0.575
安徽	0.250	0.217	0.277	0.415	0.076	-0.146	0.279	0.269	0.096	0.572	0.264	0.553	0.518
福建	0.313	0.121	0.335	0.180	0.262	0.278	0.451	0.244	0.093	0.662	0.570	0.685	-0.006
江西	0.112	0.277	0.248	0.564	-0.073	0.255	0.241	0.488	0.271	0.545	0.285	0.397	0.334
山东	0.099	0.368	0.573	0.065	0.247	0.524	0.310	0.228	0.196	0.375	0.420	0.678	0.377

续表

	2000年	2001年	2002年	2003年	2004年	2005年	2006年	2007年	2008年	2009年	2010年	2011年	2012年
河南	0.171	0.206	0.408	-0.116	0.297	0.115	0.280	0.271	0.453	0.006	0.266	0.435	0.199
湖北	0.220	0.148	0.059	0.550	0.375	0.295	0.334	0.233	0.032	0.423	0.513	0.691	0.267
湖南	0.031	0.233	0.536	0.271	0.407	0.106	0.223	0.304	0.168	0.462	0.242	0.551	0.074
广东	0.182	0.255	0.387	0.210	0.341	0.507	0.533	0.373	0.301	0.385	0.628	0.825	0.204
广西	0.188	0.226	0.406	0.473	0.330	-0.399	0.233	0.173	-0.026	0.191	0.153	0.744	0.081
海南	0.047	0.013	0.428	0.380	0.639	0.047	0.223	0.481	-0.034	0.513	0.212	0.644	0.291
重庆	0.299	0.432	0.439	0.062	0.052	0.308	0.020	0.254	0.421	0.620	0.383	1.168	0.151
四川	0.202	0.440	0.433	-0.098	0.452	0.016	0.376	0.237	-0.011	0.656	0.232	0.737	0.369
贵州	0.248	-0.114	0.177	0.213	0.334	-0.078	0.183	0.254	0.288	0.411	0.218	0.641	0.152
云南	0.414	0.148	0.102	-0.003	0.447	-0.029	0.292	0.202	0.159	0.330	-0.066	0.657	0.120
西藏	0.144	0.196	0.363	0.563	0.132	-0.159	0.225	0.607	-0.062	-0.888	-0.157	1.357	-0.440
陕西	-0.076	0.238	0.344	0.397	0.177	0.093	0.320	0.296	0.241	0.520	0.431	0.575	0.342
甘肃	-0.128	0.428	0.315	0.170	0.172	-0.135	0.018	0.314	-0.108	0.677	0.068	0.949	0.197
青海	-0.023	-0.090	0.288	0.310	0.277	0.200	0.211	0.464	-0.019	0.330	0.466	-0.014	0.105
宁夏	0.185	0.234	0.273	-0.074	0.312	0.144	0.197	0.059	0.211	-0.077	0.457	0.735	0.318
新疆	-0.026	0.047	0.703	0.092	0.048	0.280	0.068	0.310	0.045	0.226	0.278	0.848	-0.230

表6-3　31个省份的经济增长质量及人均GDP排名（2000～2012年）

省份	2000年 增长质量	2000年 人均GDP	2001年 增长质量	2001年 人均GDP	2002年 增长质量	2002年 人均GDP	2003年 增长质量	2003年 人均GDP	2004年 增长质量	2004年 人均GDP	2005年 增长质量	2005年 人均GDP	2006年 增长质量	2006年 人均GDP	2007年 增长质量	2007年 人均GDP	2008年 增长质量	2008年 人均GDP	2009年 增长质量	2009年 人均GDP	2010年 增长质量	2010年 人均GDP	2011年 增长质量	2011年 人均GDP	2012年 增长质量	2012年 人均GDP	平均 增长质量	平均 人均GDP
北京	31	2	6	2	1	2	2	2	2	2	3	2	1	2	2	2	1	2	14	2	2	2	1	3	1	3	1	2
上海	30	1	14	1	2	1	1	1	5	1	1	1	2	1	1	1	3	1	1	1	1	1	2	1	4	1	2	1
天津	27	3	15	3	3	3	12	3	3	3	1	3	3	3	3	3	3	3	3	3	3	3	3	3	2	2	3	3
浙江	3	4	12	4	8	4	16	4	8	4	9	4	3	4	3	4	6	4	10	4	4	4	11	4	6	4	4	4
江苏	5	6	19	6	26	6	15	6	19	6	6	6	6	6	28	6	10	6	17	6	5	6	6	6	5	6	5	6
广东	13	5	8	5	15	5	18	5	12	5	5	5	6	5	20	5	8	5	21	5	17	5	10	5	19	5	6	5
辽宁	25	8	5	8	28	8	6	8	26	8	8	8	9	8	9	8	12	8	2	8	15	7	26	8	3	8	7	8
重庆	4	16	2	16	9	16	26	16	28	16	10	17	30	17	18	17	5	15	9	14	13	14	5	13	23	13	8	14
山东	18	9	4	9	5	9	25	9	20	9	4	9	13	9	24	9	15	9	23	9	6	10	17	10	8	10	9	9
福建	2	7	23	7	20	7	20	7	18	7	13	7	7	7	21	7	22	7	6	7	8	8	16	7	29	7	10	7
湖北	9	17	21	17	31	18	5	18	10	18	11	18	11	18	23	18	24	18	19	17	24	17	15	16	16	17	11	18
内蒙古	8	15	25	15	17	15	31	12	24	11	14	10	25	10	10	10	7	10	7	10	18	9	7	9	17	9	12	10
四川	10	23	1	23	10	24	29	24	6	24	25	23	10	23	22	23	26	23	23	23	12	23	13	23	9	22	13	23
江西	16	28	7	29	27	28	3	26	31	26	15	26	18	26	5	26	11	25	13	25	18	25	30	25	13	25	14	25
陕西	26	25	9	24	19	23	10	23	22	22	21	22	12	22	15	22	13	21	15	19	12	19	21	19	10	19	15	22

续表

	2000年 增长质量	2000年 人均GDP	2001年 增长质量	2001年 人均GDP	2002年 增长质量	2002年 人均GDP	2003年 增长质量	2003年 人均GDP	2004年 增长质量	2004年 人均GDP	2005年 增长质量	2005年 人均GDP	2006年 增长质量	2006年 人均GDP	2007年 增长质量	2007年 人均GDP	2008年 增长质量	2008年 人均GDP	2009年 增长质量	2009年 人均GDP	2010年 增长质量	2010年 人均GDP	2011年 增长质量	2011年 人均GDP	2012年 增长质量	2012年 人均GDP	平均 增长质量	平均 人均GDP
海南	20	14	28	14	11	14	11	15	4	15	23	15	22	14	6	14	29	14	16	15	26	15	19	15	15	15	16	15
黑龙江	21	10	24	10	21	10	22	10	11	10	7	11	27	11	8	11	16	11	3	11	22	11	24	11	28	11	17	11
安徽	6	26	16	25	24	26	8	27	27	27	29	28	16	28	17	28	21	28	11	28	21	27	22	26	7	26	18	28
湖南	22	19	11	19	7	20	14	20	9	21	20	21	21	21	14	21	17	22	18	21	23	20	23	20	27	21	19	20
吉林	29	13	31	12	6	12	23	13	1	13	22	13	17	13	30	13	20	13	8	12	28	12	27	12	12	12	20	13
河北	17	11	20	11	13	11	9	11	21	12	24	12	28	12	26	12	25	12	22	13	14	13	25	14	18	14	21	12
山西	19	18	26	18	16	17	19	17	30	17	17	16	8	16	29	16	19	17	26	18	16	18	28	18	11	18	22	17
河南	14	20	17	20	12	21	30	21	16	21	19	20	15	19	16	19	4	19	20	20	20	22	29	22	20	23	23	21
宁夏	12	22	10	22	25	22	28	22	15	22	18	24	24	24	31	25	14	24	30	26	11	26	14	27	14	27	24	24
甘肃	28	30	3	30	22	30	21	30	23	30	28	30	31	30	11	30	31	30	5	30	29	30	8	30	21	30	25	30
贵州	7	31	30	31	29	31	17	31	13	31	27	31	26	31	19	31	9	31	20	31	25	31	20	31	22	31	26	31
广西	11	27	13	28	14	27	7	28	14	28	31	27	19	29	27	27	28	26	28	24	30	24	12	24	26	24	27	26
云南	1	24	22	26	30	29	27	29	7	29	26	29	14	29	25	29	18	29	24	29	19	29	18	29	24	29	28	29
新疆	24	12	27	13	4	13	24	14	29	14	12	14	29	15	13	15	23	16	27	16	9	16	9	17	30	16	29	16
青海	23	21	29	21	23	19	13	19	17	19	16	19	23	20	7	20	27	20	25	22	31	21	31	21	25	20	30	19
西藏	15	29	18	27	18	25	4	25	25	25	30	25	20	25	4	24	30	27	31	27	31	28	4	28	31	28	31	27

名前 10 的依次是北京、上海、天津、浙江、江苏、广东、辽宁、重庆、山东和福建，其中除了重庆之外，全部是东部地区；后 10 名依次是山西、河南、宁夏、甘肃、贵州、广西、云南、新疆、青海和西藏，其中，西部地区占了 8 个。由此可知，我国经济增长质量在东部、西部地区之间的差距是非常大的。人均 GDP 的排名反映了地区的经济增长情况，经济增长质量排名则反映了地区人们可行能力的改善程度，两者之间的差距可说明经济增长是否有效地转化为了人们可行能力的改善。经济增长质量排名前 10 的地区中，人均 GDP 的排名也基本上都是前 10 位，两者之间相差不大，说明这些地区的经济增长水平与经济增长质量是比较一致的。经济增长质量排名之后 10 位的地区，经济增长质量排名与人均 GDP 的排名相差就比较大了。其中，重庆、湖北、四川、江西、陕西、安徽、甘肃和贵州，经济增长质量排名明显好于人均 GDP 排名，说明这些地区经济增长的成果较好地被用于了人们可行能力的提升。与之相反，黑龙江、吉林、河北、山西、新疆和青海，经济增长质量的排名则远远落后于人均 GDP 的排名，说明这些地区的经济增长成果可能并没有很好地转化为人们可行能力的提高。

人们经常说经济增长要又快又好，那么究竟什么是又快又好呢？本章用经济增长速度和经济增长质量来表示"快"和"好"这两个维度，然后根据平均的经济增长速度和平均的经济增长质量将 31 个省份划分为四组，分别为高增长质量高增长速度、高增长质量低增长速度、低增长质量低增长速度、低增长质量高增长速度。本书可根据各个省份随着时间在不同组别间的变动，来考察这些地区的经济表现。图6-2的a~d四幅图和表6-4分别展示了31个省份在2000年、2005年、2010年、2012年这4年以及2000~2012年平均的经济表现情况。

表6-4 各省份依据经济增长质量和经济增长速度
分组情况（2000~2012年）

	2000年	2012年	2000~2012年（平均）①
第I象限（高增长质量高增长速度）	宁夏，西藏，山东，浙江，江苏，内蒙古，广东	天津，安徽（很接近第四象限）	天津，广东，江苏，重庆（很接近第四象限）
第II象限（高增长质量低增长速度）	河南，云南，广西，江西，安徽，贵州，湖北，四川，重庆，福建，山西，河北	北京，上海，浙江，辽宁，江苏	北京，上海，浙江，辽宁
第III象限（低增长质量低增长速度）	黑龙江，海南，湖南，新疆，青海，辽宁，吉林	广东，海南，山东，山西，河北，河南，黑龙江	新疆，云南，黑龙江，海南，河北，甘肃，湖北，江西，安徽，湖南，山西，广西，河南，贵州，宁夏
第IV象限（低增长质量高增长速度）	甘肃，陕西，天津，上海，北京	江西，湖北，宁夏，内蒙古，湖南，福建，吉林，四川，陕西，甘肃，青海，云南，重庆，贵州，新疆，西藏，广西	福建，四川，山东，陕西，吉林，青海，西藏，内蒙古

注：①由于内蒙古的增长速度异常高，导致各省的平均增长速度也比较高。事实上，2000~2012年的平均情况一栏中，第三象限和第四象限的大部分省份是围绕在平均经济增长速度周围的。

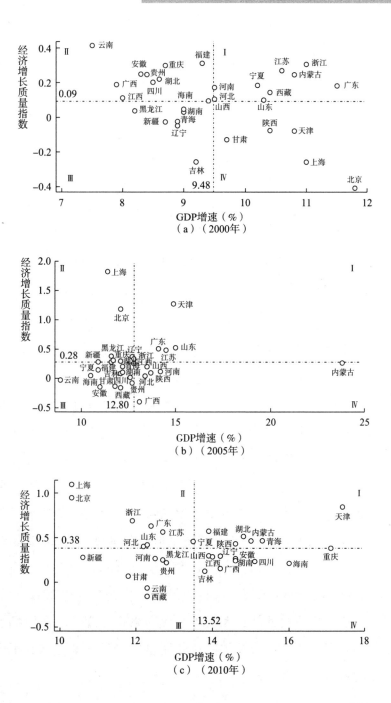

（a）（2000年）

（b）（2005年）

（c）（2010年）

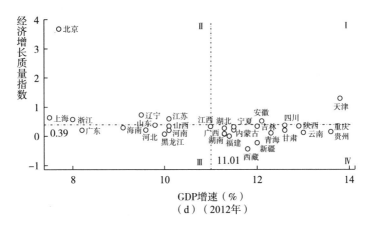

图 6-2 依据经济增长质量和经济增长速度的省份分组情况

首先分析东部地区各省份经济表现的变化情况。2000~2012 年，东部地区大部分省份都在第一象限、第二象限，也就是经济增长质量在平均经济增长质量之上。其中天津、江苏、广东属于高增长质量高增长速度的省份，即经济发展又快又好；辽宁、北京、浙江、上海则基本属于高增长质量低增长速度的类型。根据经济增长质量和经济增长速度随时间的变化情况来看，东部地区的省份大致可分为三类：第一类是表现较稳定的，即组别变化不大，即上述提到的位于第一象限、第二象限的省份，还有海南，基本位于第三象限；第二类是经济表现下降的，河北由 2000 年高增长质量低增长速度变为 2012 年低增长质量低增长速度，山东先是增长速度下降，然后增长质量下降，最后由 2000 年的高增长质量高增长速度变为 2012 年的低增长质量低增长速度；第三类是以质量换速度的，福建牺牲质量换来了速度，由最初的高增长质量低增长速度变动到了低增长质量高增长速度。

接下来分析中部地区各省份的经济表现变化情况。2000~2012年，中部地区的省份大部分都位于第三象限和第四象限，也就是低质量区域，而且以2000~2012年的平均表现情况来看，大部分省份都属于低增长质量低增长速度的类别。根据经济增长质量及经济增长速度随时间的变化情况来看，中部地区大致可以分为三类：第一类是比较稳定的，比如黑龙江、吉林和湖南；第二类是以质量换速度的类型，比如安徽、江西和湖北；第三类是下降的，河南由高增长质量低增长速度变为低增长质量低增长速度，山西也显示以质量换速度，最后速度也下降了，最终由高增长质量低增长速度变为低增长质量低增长速度。

最后分析西部地区各省份的经济表现变化情况。从2000~2012年的平均表现情况来看，西部地区和中部地区一样，大部分地区都位于第三象限、第四象限，即低增长质量的两个象限，其中经济增长质量稍高的是内蒙古、重庆和四川。根据经济增长质量及经济增长速度随时间的变化情况来看，西部地区大致可以划分为三类：第一类是经济增长速度一直维持高速，而经济增长质量在平均经济增长质量上下波动的，比如内蒙古；第二类是以质量换速度，比如广西、重庆、四川、贵州和云南，变化路径基本上是L形；第三类剩下的省份则不好归类，基本上是在第三象限、第四象限波动。

综上，东部地区大部分属于高增长质量高增长速度或者高增长质量低增长速度的类型，而中部、西部则大多属于低增长质量低增长速度和低增长质量高增长速度的类型。从随时间变化的角度来看，除了北京、上海、天津、浙江、江苏、辽宁、广东基本稳定在较高增长质量，其他省份要么是维持在低增长质量的组别不变，要么增长质量下降，基本不存在增长质量改善的情况[①]，相对而言，不少省份都是由低增长速度变动到了高增长速度，也就是说不少省份都经历了增长质量下降而增长速度上升的以质量换速度的变化路径。

第二节　经济增长质量的影响因素分析

上一节分析了各个省份 2000～2012 年的经济增长质量的一般情况。那么是什么因素导致了不同地区、不同时间段经济增长质量的不同呢？我们这一节就来分析经济增长质量的影响因素。

一　经济增长质量与经济增长水平的关系

经济增长质量就是经济增长过程中可行能力的提升，要提高经济增长质量，根本目的还是为了提高可行能力，那么影响可行能力的因素是否也决定了经济增长质量呢？第五章已经验证了如下结论：①人均 GDP 越高，说明经济增长创造的财富和资源越丰富，越有利于提升人们的可行能力水平；②经济结构反映了经济发展方式，不同的经济发展方式，不仅影响了经济的长期增长，而且影响了资源或者说财富在不同人群中、不

---

① 需要注意的是，这里讲的经济增长质量的变化不是绝对值的变化，而是相对当年的平均水平而言的组别的变化。

同部门间的分配，从而影响了整个社会的可行能力；③城镇化率越高，越有利于发挥规模效应和集聚效应，从而便于提供更多的公共资源、创造更多的就业，从而有利于提升可行能力；④产业结构越高级，也就是说服务业比重越大，既有利于为生产和生活提供更好的服务，也有利于创造更多的就业，从而促进可行能力的提升；⑤产业结构合理化主要反映了产业结构与当地资源禀赋的耦合程度，产业结构越合理，越有利于发挥比较优势，从而有利于提高人们收入，改善收入分配结构，进而促进可行能力的提升；⑥劳动报酬占比可以反映一个地区的收入分配状况，在其他条件一定的情况下，劳动报酬占比越高，说明收入分配越公平，从而有利于提升可行能力；⑦投资是拉动经济增长的重要手段，然而过度依赖投资的话，则会出现产能过剩、资源浪费等情况，不利于经济的持续增长，并且由于政绩的需要，这些投资往往没有进入市场最需要的部门，挤压了流入有利于促进人们发展的部门的资金，从而不利于可行能力的提升。

那么人均 GDP、城镇化率、产业结构高级化、产业结构合理化、资本形成率、劳动报酬占比，这些影响可行能力的变量是否也同样影响经济增长质量呢？本章利用第五章的数据（31个省份 2000～2012 年的数据）及本章所计算的经济增长质量指数来进行验证，建立如下计量模型：

$$gquality_{it} = \beta_0 + \beta_1 gdp_{it} + \beta_2 gdpsq_{it} + \beta_3 growth_{it} + \delta Z_{it} + a_i + u_{it}$$

$$(6-1)$$

其中，i 表示省份，t 表示时间，$gquality_{it}$ 表示经济增长质量，gdp_{it} 表示人均 GDP，$gdpsq_{it}$ 表示人均 GDP 的平方，$growth_{it}$ 表示经济增长速度，Z_{it} 表示城镇化率、产业结构高级化等经济结构方面的变量，a_i 表示不随时间变化的不可观测的因素，比如文化、习俗、自然环境等。因为文化、习俗、自然环境等也构成了经济发展环境的一部分，可能会影响经济增长和经济结构，因此，本章采用固定效应模型估计（6-1）式。

经济增长质量的影响因素的估计结果如表 6-5 所示。除了人均 GDP 和产业结构高级化对经济增长质量有显著影响之外，其他变量对经济增长质量的影响均不显著。人均 GDP 每增加 1 万元，经济增长质量提升 0.161 个单位，产业结构高级化指标每增加 1 个单位，经济增长质量提高 0.272 个单位，这两个指标对经济增长质量的影响与对可行能力的影响保持一致。也就是说，人均 GDP 水平越高，产业结构越高级，经济增长质量越高。但是其他对可行能力影响显著的变量对经济增长质量影响都不显著，这是为什么呢？（6-1）式使用的经济增长和经济结构的变量都是水平值，也就是描述的是一个地区所处的发展阶段，即我们曾经提到的存量的概念，而经济增长质量在本书的定义中，表示的是一个地区经济增长过程中所蕴含的人们所期望拥有的生活的改善程度，是一个增量的概念。这些水平值对经济增长质量影响不显著，恰恰说明了经济增长质量与一个地区的发展程度没有必然联系，尤其是与经济增长速度。这个结果进一步说明了，一味地追求经济增长速度并不一定会实现发展的目的。

表6-5　经济增长质量的影响因素（水平值模型）

经济增长质量				
人均 GDP（万元）	0.161001 **（0.064897）	劳动报酬占比（%）	0.018971（0.033630）	经济增长速度	0.006698（0.009279）
人均 GDP 的平方	-0.004685（0.005449）	劳动报酬占比平方	-0.000246（0.000332）	产业结构高级化	0.272454 **（0.132358）
城镇化率（%）	-0.003813（0.010939）	资本形成率的平方	-0.000016（0.000080）	产业结构合理化	0.001476（0.003351）
城镇化率的平方	0.000088（0.000135）	资本形成率（%）	-0.002440（0.010295）	常数项	-0.492063（0.878313）
样本数目	403	R^2	0.220308		

注：*** 表示1%的显著性水平，** 表示5%的显著性水平，* 表示10%的显著性水平。

二　经济增长质量与经济增长、经济结构改善程度之间的关系

既然经济增长质量是一个增量的概念，与经济发展的水平值没有关系，那么经济增长质量应该与经济增长水平、经济增长结构等改善的程度有关系。因此，重新建立如下计量模型：

$$gquality_{it} = \beta_0 + \beta_1 \, d.\,gdp_{it} + \beta_2 \, d.\,gdpsq_{it} + \beta_3 d.\,growth_{it} +$$
$$\delta_1 \, d.\,Z_{it} + \delta_2 \, H_{it} + a_i + u_{it} \qquad (6-2)$$

其中，变量的含义与（6-1）式相同，只是都对其做了一阶差分，另外，H_{it} 表示各种交互项（下文会具体分析）。与（6-1）式相同，（6-2）式也采用固定效应模型。表6-6给出的是（6-2）式的估计结果。其中，模型1是将（6-1）式中的相关变量都换成了一阶差分。人均 GDP 的差分对经济

增长质量有显著的正向影响，人均 GDP 增量每增加 1 个单位，经济增长质量可以增加 1.182 个单位；人均 GDP 差分的平方项的系数为负，但是并不显著，说明人均 GDP 增量对经济增长质量的影响并不存在显著的边际递减效应。经济增长速度的增量对经济增长质量的影响依然不显著，进一步说明经济增长质量确实与经济增长速度无关。城镇化率的差分对经济增长质量的影响显著为正，城镇化率的增量每增加 1 个单位，经济增长质量可增加 0.030 个单位，说明城镇化率的改善确实有助于经济增长质量的提升。产业结构高级化的差分对经济增长质量有显著的正向影响，产业结构高级化的增量每提高 1 个单位，经济增长质量增加 0.357 个单位，说明产业结构的改善可促进经济增长质量的提升。产业结构合理化的差分对经济增长质量的影响显著为负，产业结构合理化的增量每增加 1 个单位，经济增长质量将下降 0.016 个单位，说明产业结构如果不符合当地的资源禀赋，将有损经济增长质量。劳动报酬占比的差分对经济增长质量有显著的影响，劳动报酬占比的增量每增加 1 个单位，经济增长质量将下降 0.024 个单位，即劳动报酬占比的提高将有损经济增长质量，这与前面的分析似乎是矛盾的，然而第五章中我们也曾经指出，我国正处于工业化进程中，因此劳动报酬占比主要呈现下降的趋势，而产业结构的高级化是有助于提升经济增长质量的。资本形成率的差分对经济增长质量有显著的负向影响，资本形成率的增量每增加 1 个单位，经济增长质量将下降 0.014 个单位，说明过度依赖投资将会损害经济增长质量。

在（6-1）式的估计结果中，经济增长质量虽然与大部分变量的水平值都是没有关系的，但是与人均 GDP 水平和产业结构高级化水平正相关，另外结合第五章中的结论——可行能力与劳动报酬占比和资本形成率间都呈现显著的倒 U 形关系，笔者猜测在不同的发展阶段，劳动报酬占比的增量与资本形成率的增量对经济增长质量的影响可能会有所不同，也就是说劳动报酬占比与资本形成率对经济增长质量的影响取决于所处的经济发展阶段。因此，表 6 - 6 中的模型 2 与模型 3 分别加入了劳动报酬占比的差分、资本形成率的差分与人均 GDP 的交互项，以及它们与产业结构高级化的交互项。

　　模型 2 的结果显示，人均 GDP 的差分、城镇化率的差分、产业结构高级化的差分与产业结构合理化的差分对经济增长质量的影响依然显著，并且系数变化也非常小。而劳动报酬占比的差分与人均 GDP 的交互项对经济增长质量呈显著的正向影响，也就是说劳动报酬占比的差分对经济增长质量的影响取决于人均 GDP 的水平。人均 GDP 水平较低时（低于 3378 元，按1999 年不变价格计算），劳动报酬占比的增加对经济增长质量会产生负向的影响，而当人均 GDP 水平越高时，劳动报酬占比的增加对经济增长质量的正向影响会变大，说明当经济发展到一定阶段时，应特别注意初次收入分配的公平性。相比之下，资本形成率的差分与人均 GDP 的交互项对经济增长质量的影响并不显著。

　　模型 3 中，劳动报酬占比的差分与产业结构高级化的交互项，以及资本形成率的差分与产业结构高级化的交互项对经济增长质量的影响并不显著。这说明劳动报酬的差分和资本形成率的差分对经济增长质量的影响可能并不受产业结构高级化的影响。

表 6 - 6　经济增长质量的影响因素（差分模型）

	经济增长质量		
	模型 1	模型 2	模型 3
人均 GDP 的差分	1.182133 ***	1.146232 ***	1.138919 ***
	(0.27625)	(0.13155)	(0.1322)
人均 GDP 差分的平方项	-0.10133		
	(0.28962)		
经济增长速度的差分	-0.00921		
	(0.00907)		
城镇化率的差分	0.029644 ***	0.024812 ***	0.024729 ***
	(0.00903)	(0.00656)	(0.00667)
城镇化率差分的平方	-0.00055		
	(0.00061)		
产业结构高级化的差分	0.356742 *	0.367491 **	0.391425 **
	(0.18517)	(0.17793)	(0.18672)
产业结构合理化的差分	-0.016162 ***	-0.018150 ***	-0.016777 ***
	(0.00466)	(0.00454)	(0.00462)
劳动报酬占比的差分	-0.023662 ***	-0.043682 ***	-0.022480 *
	(0.00473)	(0.00775)	(0.01159)
劳动报酬占比差分的平方	-0.00011		
	(0.0005)		
资本形成率的差分	-0.013822 ***	-0.00659	-0.018494 **
	(0.00395)	(0.00544)	(0.00818)
资本形成率差分的平方	0.000114		
	(0.00029)		
劳动报酬占比的差分 * 人均 GDP		0.014760 ***	
		(0.00458)	

续表

	经济增长质量		
	模型 1	模型 2	模型 3
资本形成率的差分 * 人均 GDP		−0. 0037	
		(0. 00271)	
劳动报酬占比的差分 * 产业结构高级化			0. 000242
			(0. 01142)
资本形成率的差分 * 产业结构高级化			0. 004474
			(0. 0062)
常数项	0. 091277 **	0. 082570 ***	0. 097270 ***
	(0. 04387)	(0. 0318)	(0. 03224)
样本数目	403	403	403
R^2	0. 280659	0. 304123	0. 276833

注：*** 表示 1% 的显著性水平，** 表示 5% 的显著性水平，* 表示 10% 的显著性水平。

第三节　经济增长质量影响因素的实例分析

上文分析了 31 个省份在 2000 ~ 2012 年经济增长质量的一般情况，得出的主要结论就是：从空间上来看，东部地区的经济增长质量最高，其次是中部地区，最后是西部地区；从时间上来看，2003 年、2008 年和 2012 年相对而言，经济增长质量有明显的下降趋势；从省份的具体表现情况来看，既有经济增长质量和人均 GDP 水平都很高的省份，也有两者都很低的省份。同时，上文利用 31 个省份在 2000～2012 年的数据，验证了影响经济增长质量的主要因素。这一节，文章将解释上文所揭示的现象。

首先，来看东部、中部、西部经济增长质量有差异的原因。图 6-3 描绘的是 2000～2012 年，东部、中部、西部三个地区的经济增长质量、人均 GDP 的增量、城镇化率的增量、产业结构高级化的增量、产业结构合理化的增量、劳动报酬占比的增量以及资本形成率的增量的平均变化情况。很明显，东部地区的经济增长质量要远高于中部和西部地区。这是因为，东部地区的人均 GDP 的改善程度、城镇化率的改善程度、产业结构高级化的改善程度都要好于中部和西部地区，而在产业结构高级化方面，中部和西部地区竟然有所倒退。产业结构合理化、劳动报酬占比和资本形成率都是负向指标，因此应该越小越好。从图 6-3 可知，东部地区的产业结构合理化程度有明显改善，而中部地区恶化程度最严重，相比之下，西部地区产业结构合理化程度基本保持不变。劳动报酬占比方面，由于我国当前仍处于劳动报酬占比下降的阶段，因此，劳动报酬占比的下降反而意味着经济增长质量的改善，中部地区在这方面对经济增长质量的贡献是最大的，其次是西部地区。资本形成率方面，东部地区资本形成率增加最少，因此对经济增长质量带来的损害也是最小的。通过上述的分析，很明显可以看出，东部地区基本上在各个方面的表现都要优于中部、西部地区，其中尤以人均 GDP、产业结构的高级化和产业结构的合理化表现最为突出，这就解释了东部地区的经济增长质量最好的原因。

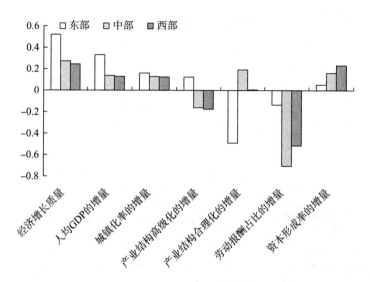

图 6 - 3　东部、中部、西部经济增长质量影响因素的对比分析

注：为了能使这几个变量都清晰地展现在图上，某些变量进行了扩大或缩小 10 倍的处理，因此图中纵轴的数字没有实际含义。

资料来源：经济增长质量来自本书的计算，其他变量来自第五章的宏观数据。

其次，从全国经济增长质量随着时间的变化趋势中，可以发现 2003 年、2008 年和 2012 年有明显的下降趋势。那么是什么因素导致这三年经济增长质量的明显下降呢？图 6 - 4 描绘了经济增长质量影响因素随时间的变化趋势。2003 年，资本形成率的增量相比上年明显上升，而产业结构高级化的增量相比上年明显下降，资本形成率的上升和产业结构高级化的下降，都会有损经济增长质量。2008 年，劳动报酬占比的增量明显上升，我国在当前主要是劳动报酬占比下降的阶段，因此劳动报酬占比的上升预示着经济增长质量的下降；2008 年，产业结构合理化的增量也明显上升，说明产业结构合理化在这一年有所恶化，进而有损经济增长质量。2012 年经济增长质量的突然下降，则有可能是资本形成率的增加造成的，因为在这一年，对经济增长质量变化有负向作用的变量变化最大的就是资本形成率的增量的增加。

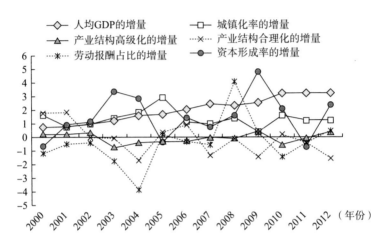

图 6 - 4　2000 ~ 2012 年经济增长质量影响因素的变化趋势

注：为了能使这几个变量都清晰地展现在图上，某些变量进行了扩大或缩小 10 倍的处理，因此图中纵轴的数字没有实际含义。

资料来源：第五章所使用的宏观数据。

最后，我们以经济增长质量排名最靠前的省份——北京，和经济增长质量排名最后的省份——西藏为例，运用上文所揭示的经济增长质量的影响因素，分析具体省份经济增长质量表现差异的原因。图 6 - 5 展示的是北京和西藏在 2000 ~ 2012 年，平均每年的经济增长质量、人均 GDP 的增量、城镇化率的增量、产业结构高级化的增量、产业结构合理化的增量、劳动报酬占比的增量以及资本形成率的增量。其中，北京在人均 GDP、城镇化率以及产业结构高级化的改善方面都要远远好于西藏，西藏的城镇化率和产业结构高级化还有所下降。资本形成率方面，北京的资本形成率平均是在下降的，而西藏的资本形成率平均是在上升的，说明北京在此期间正在改善依靠投资拉动经济增长的情况，这会促进经济增长质量的改善。产业结构合理化方面，虽然两个地区都有所恶化，然而西藏更严重。劳动报酬占比方面，北京的劳动报酬占比上升，而西藏几乎没什么变化，考虑到当人均 GDP 水平比较高的时候，劳动报酬占比的上升是有利于经济增长质量提高的，因此，这也是北京的经济增长质量要好于西藏的一个重要因素。总之，无论是表示经济增长水平的人均 GDP，还是经济结构的各个方面，2000～2012 年，北京在这些方面的改善都要好于西藏，因此北京的经济增长质量才会远远好于西藏的经济增长质量。

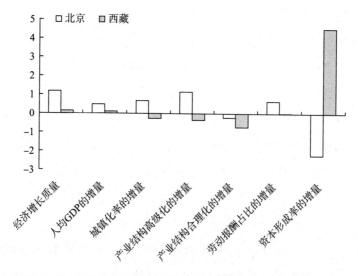

图 6-5　北京和西藏经济增长质量影响因素的对比分析

注：为了能使这几个变量都清晰地展现在图上，某些变量进行了扩大或缩小 10 倍的处理，因此图中纵轴的数字没有实际含义。

资料来源：经济增长质量来自本书的计算，其他变量来自上文的宏观数据。

第四节　结论

首先，本章基于第三章提出的经济增长质量的内涵，以及第四章和第五章提出的经济增长质量的分析框架，提出了能够更好地应用于实践的经济增长质量的测度方法，即用可行能力的差分作为经济增长质量的估计值。其次，本章测算了2000～2012年我国31个省份的经济增长质量，并对其进行了空间和时间的比较分析。再次，本章基于第五章的分析框架，验证了经济增长质量的影响因素。最后，本书以空间、时间和具体省份的经济增长质量表现差异的原因分析为例，一方面展示了如何分析具体实例中经济增长质量表现差异的原因，另一方面用实例验证了本章提出的经济增长质量的影响因素的相关理论。

本章的主要结论有以下几点。

第一，整体而言，空间方面，东部地区的经济增长质量要好于中部、西部地区，西部地区经济增长质量最低；时间方面，全国平均经济增长质量虽然有波动，但整体趋势基本上是随着时间在改善的，其中，东部地区这一趋势最为明显，中部地区次之，西部地区基本上没有这种趋势。

第二，就经济增长质量的排名而言，排名前10位的基本上都是东部地区，而排名最后10位的，则基本上都是西部地区。另外，经济增长质量排名靠前的省份，人均GDP排名也比较靠前，这就说明东部地区大部分省份经济增长和经济增长质量的表现比较一致。而经济增长质量排名比较靠后的省份，经济增长和经济增长质量之间的表现差距就比较大了，尤其是经济增长质量的排名远远落后于人均 GDP 排名的省份，经济增长的成果并没有被很好地用来转化为人们可行能力的提升。

第三，就每年的经济增长质量和经济增长速度相对当年的平均水平变化而言，2000～2012 年的 31 个省份中，很少发生经济增长质量跃升至较高组别的现象，反而多数是经历了以经济增长质量换经济增长速度的演变路径，尤其是中部、西部发展水平较低的省份。这说明经济发展水平较低的省份往往有可能急于求成，只重速度，不重质量。

第四，经济增长质量是一个增量概念，与经济发展阶段没有关系，因此，经济发展处于较低阶段的地区也有可能获得较高的经济增长质量，而经济发展处于较高阶段的地区也有可能获得较低的经济增长质量。

第五，经济增长质量受经济增长水平和经济增长结构改善程度的影响，即经济增长水平和经济结构改善程度越高，越有利于提高经济增长质量。具体而言，城镇化率的提高、产业结构高级化程度的提升、产业结构与当地资源禀赋耦合程度的提高，都有助于经济增长质量的改善。而过度依赖投资，则会有损经济增长质量。当经济增长水平越高时，越需要注意初次分配的公平问题，因为此时劳动报酬占比的提高将有助于改善经济增长质量。

第七章
结论及政策建议

第一节　结论

一　研究思路及研究内容小结

传统的"唯 GDP"的发展理念，虽然带来了大量的物质财富，然而也因粗放的经济发展方式，导致了收入分配不均、环境破坏、民生发展落后于经济增长等问题。当下的中国经济已经在"量"上取得了巨大成就，经济发展开始步入了一种新常态。在经济新常态下，不仅要思考经济增长的速度与可持续性这种"量的扩张"问题，更应该从发展"质变"的角度，研究经济增长量变过程中所蕴含的"质的提升"，由此反思经济增长模式的发展绩效（叶初升，2014）。

经济增长质量研究，主要是围绕着"什么是经济增长质量"、"怎么测度经济增长质量"和"如何提高经济增长质量"

三个问题展开。经济增长质量是一种规范性研究，涉及价值判断，要以此为依据处理经济增长问题、制定经济政策（任保平，2013）。因此，"什么是经济增长质量"是整个研究的基础与前提。

但是，主流经济学中只有"经济增长"的概念，并没有明确而规范的"经济增长质量"这一概念。要界定清楚"经济增长质量"，首先就要明确"质量"的含义。从管理学意义的"质量"含义出发，经济增长质量就是"经济增长所固有的特性满足发展需要的程度"；从哲学"量变"和"质变"的角度出发，经济增长质量就是"经济增长这一量变过程中所蕴含的发展质变"。无论从哪方面意义出发，以发展的视角来考察经济增长质量是其本质要求。如果将经济增长和发展分别比喻为一杯水的液态和气态两种状态，那么经济增长质量就是这杯水在加热的过程中由液态转换为气态的比例或者程度。

然而，现有的经济增长质量研究中，无论是狭义的经济增长质量，还是广义的经济增长质量，大多关注的是经济增长的效率、经济增长的稳定性等除经济增长速度之外经济增长本身的特点，仍然是从量变或者说经济增长的视角出发的。并且，由于没有从质量的本质含义出发去清楚地界定经济增长质量的含义，现有的经济增长质量研究将"增长"和"发展"、"手段"和"目标"、"存量"和"增量"三类视角相混淆，导致在后续的经济增长质量测度和因素讨论中出现了问题。

因此，本书从发展的视角出发界定经济增长质量，并在此基础上对经济增长质量进行测量和因素分解，这是非常有必要的，也是本书最重要的创新之处。

　　所谓的发展视角，就是探寻当内在因素和外部环境发生变化时，经济体内部相互作用的机制及其变化的方向（叶初升、闫斌，2014），可以进一步概括为发展的过程和发展的目标，前者影响了后者最终实现的状态。由于发展过程中，各种机制作用的复杂性与多样性，从发展的目标出发去考察经济增长质量更加合理可行。发展，即实现人们生活质量或者福利水平的提高，判定社会上所有人福利状态的最高价值标准就是自由，即可行能力。因此，本书将经济增长质量定义为经济增长过程中由经济增长带来的可行能力的提升，这将有利于解决现有文献中三类研究视角混淆的问题。

　　本书接下来分析了怎么测度经济增长质量。既然经济增长质量是经济增长过程中由经济增长带来的可行能力的提升，那么要测度它，必然先要厘清经济增长与可行能力的关系。根据 Sen 的理论，微观个体实现的功能性活动取决于他所拥有的资源以及个人特征、社会条件和环境因素等转换因素，而可行能力是所有可行的功能性活动的集合，因此可行能力也取决于上述因素。经济增长为微观个体提供了各种可用资源，并且通过基础设施、公共服务等营造了人们所处的经济社会环境，从而影响人们的可行能力。然而，经济增长质量是一个宏观概念，我们不仅要关注如何提高个人的可行能力，更要关注由无数微观个体所形成的整个社会的可行能力，此时，资源以及可行能力在人群中的分配就显得很重要了。经济增长既然主要是通过提供资源来促进可行能力提升的，那么当我们从宏观层面考察整个社会的可行能力的一般状况时，资源在不同群体间和不同部门间的分配就起到了重要作用。也就是说，经济增长会促进可行能力的提升，但是其作用则取决于经济增长的结构，比如投资消费结构、产业结构、初次分配的收入结构、地区空间结构等，因为这些结构决定了经济增长所创造的资源在不同群体和不同部门间的分配。如果两个经济体的经济结构都相同（假设这些经济结构能够完全描述经济增长的模式），那么单位经济增长水平对可行能力的偏效应就是相同的。因此，本书将经济增长质量进一步划分为两部分：一部分是由经济增长水平提高带来的（即财富效应），另一部分是由经济结构改善带来的（即结构效应）。

本书在第四章和第五章分别从微观和宏观两个角度讨论了经济增长质量的分析框架及其测度方法。第四章中，一方面因为关注的并非宏观层面的可行能力，经济结构方面的因素没有具体讨论的必要，另一方面由于数据所限，模型中由人均 GDP 代表经济增长，而经济结构的因素则假设已经包含在了其对可行能力的偏效应中。第五章基于可行能力理论，进一步将经济结构因素加入模型中，讨论了经济增长和经济结构对整个社会层面的可行能力的影响，而经济增长质量此时被定义为经济增长水平和经济增长结构两个部分带来的可行能力提升之和。

考虑到可行能力是一个抽象的概念，不仅不能准确有效地直接衡量，而且与经济变量之间存在多层级的复杂关系，本书用结构方程模型将无法直接测量的潜变量纳入分析，利用该模型整合了验证式因子分析和路径分析两种方法的优势，揭示了各种经济变量与可行能力之间复杂的多层次因果关系，解析了经济增长过程中蕴含的发展特质，即经济增长质量。模型估计采用 AMOS 软件，选用极大似然估计法（ML），考虑到样本的非正态性，同时运用 Bollen - Stine Bootstrap 对卡方值等模型适配度参数进行了修正，利用 Bootstrap 的方法估计了标准误及置信区间。

第四章使用了北京大学中国社会科学调查中心"中国家庭追踪调查（CFPS）"的微观数据，以及该中心提供的 2010 年区县数据和《中国区域经济统计年鉴（2011）》中的数据，对经济增长质量进行了测度，并对比分析了东部、中部和西部的经济增长质量。第五章使用 1999 ~ 2012 年我国 31 个省份的面板数据测度了经济增长质量并对其进行了要素分解，然后对比分析了 2008 年金融危机前后的经济增长质量。

第六章，基于第三章提出的经济增长质量的内涵，以及第四章、第五章提出的经济增长质量的分析框架，提出了能够更好地应用于实践的经济增长质量的测度方法，即用可行能力的差分作为经济增长质量的估计值，测算了 2000 ~ 2012 年我国 31 个省份的经济增长质量，并对其进行了空间和时间的比较分析，进一步验证了经济增长质量的影响因素。

二 研究发现

（一）收入、个体特征与社会条件对微观个体可行能力的影响

第一，个人收入和家庭收入对个体可行能力具有显著的正向影响，也就是说个人能够拥有的资源越丰富，越有利于个人发展。

第二，教育对于提高个人的可行能力、促进个人的发展具

有非常重要的意义。在微观层面，个人受教育年限是模型中对个体发展、提高可行能力贡献最大的因素；在宏观层面，一个地区的大专及以上文化程度人口的比例显示了教育对该地区个体发展呈现较强的正外部性。

第三，我国人口的可行能力分布存在着显著的结构特征，在非农户籍人口比农业户籍人口、城市居民比农村居民、男性比女性这样的组群之间，可行能力存在着较大的差距，尤其以户籍身份和城乡常住之间的差异最为突出。

第四，收入分配状况影响个人的发展，过大的收入差距有碍人们可行能力的提升。经济增长水平越高，收入分配恶化对发展产生的负向作用也越大。

第五，政府在教育、医疗卫生、社会保障等有利于改善民生方面的支出会促进个人可行能力的提升，但是，如果政府在这些方面的管理水平较差，可能会对该作用产生严重的负面影响。

（二）经济增长、经济结构对可行能力的影响

第一，人均 GDP 是促进可行能力提升的重要影响因素。人均 GDP 越高，意味着经济增长能够为人们提供的资源越多，无论是通过提高个人收入，还是通过提供丰富的产品和服务，都能够有效地促进人们可行能力的提升。

第二，经济增长与可行能力之间呈现倒 U 形关系。这说明经济增长质量与经济增长水平之间并非简单的线性关系，在其他因素不变的情况下，经济增长并不能总是产生积极的发展效应，过度追求 GDP 反而会偏离发展的根本目的，并不能提升

人们的可行能力和生活质量。

第三，单位经济增长对可行能力的作用受经济发展模式的影响。当我们在模型中加入了能够反映经济发展模式的表现经济结构的各种变量后，人均 GDP 对可行能力的偏效应就大大下降了。因此，要提高经济增长质量，除了要保证一定的经济增长水平之外，还要注意经济结构的均衡，因为它们不仅决定了经济增长的持续性，更重要的是决定了资源在不同群体之间、不同部门之间的分配，这会影响整个地区人们可行能力的提升。

第四，从提高可行能力，或者说提高经济增长质量的角度来看，资本形成率有一个最优值，一旦经济体过度依赖投资拉动经济增长，超过这一临界值时，则会有损经济增长质量。而目前我国的资本形成率已经远远超过这一临界值，这进一步证明了当前我国不能继续简单依靠投资来拉动经济增长。

第五，就产业结构方面而言，产业结构合理化指标反映了一个地区产业结构与当地资源禀赋的耦合程度，产业结构越合理，说明该地区越好地发挥了其比较优势，有利于改善当地的收入分配格局，从而提升可行能力。产业结构越高级，说明服务业所占比重越大，越有利于创造更多的就业岗位，提高人们的收入，从而提升人们的可行能力。

第六，城镇化率对可行能力有显著的正向影响。这可能是因为城市由于规模和集聚的效应，各种资源和公共服务都更加丰富，从而有利于促进人们可行能力的提升；另外，城镇化发展的同时，也意味着产业的集中以及劳动的分工，这会创造更多的就业机会。

第七，劳动报酬占比与可行能力呈倒 U 形关系。我国由于仍处于工业化进程中，劳动报酬占比与可行能力之间仍然以负向关系居多。然而，倒 U 形关系的前半段（两者是正向关系）证明了，当工业化进程基本完成之后，提高劳动报酬占比是有利于可行能力提升的，也就是说越公平的收入分配格局越有利于可行能力的提升。

（三）经济增长质量的一般情况及其影响因素

第一，就东部、中部和西部三大区域而言，东部地区的经济增长质量指数要远高于中部和西部地区，而西部地区的经济增长质量指数最低。虽然西部地区在人均 GDP 方面的改善要远远低于东部和中部，然而由于人均 GDP 对可行能力产生了较大的偏效应，西部地区在经济增长质量方面与东部和中部的差距并不像经济增长方面的差距那么大，尤其是与中部相比。

第二，2008 年金融危机之后，我国面临的国际国内环境发生了重大变化，经济增长速度下滑，经济增长质量也略有下降。人均 GDP 对经济增长的贡献在 2008 年金融危机之后大大下降，而资本形成率对经济增长质量带来的负向作用显著上升。这进一步说明了金融危机之后，原有的经济发展模式难以持续，仅仅关注 GDP 总量的话，最终会损害经济增长质量。

第三，就经济增长质量的排名而言，排名前 10 位的基本上都是东部地区，而排名后 10 位的，则基本上都是西部地区。

另外，经济增长质量排名靠前的省份，人均 GDP 排名也比较靠前，这就说明东部地区大部分省份经济增长和经济增长质量的表现比较一致。而经济增长质量排名比较靠后的省份，经济增长和经济增长质量之间的表现差距就比较大了，尤其是经济增长质量的排名远远落后于人均 GDP 排名的省份，经济增长的成果并没有被很好地用来转化为人们可行能力的提升。

第四，就每年的经济增长质量和经济增长速度相对当年的平均水平变化而言，2000～2012 年的 31 个省份中，很少发生经济增长质量跃升至较高组别的现象，反而多数是经历了以经济增长质量换经济增长速度的演变路径，尤其是中部、西部发展水平较低的省份。这说明经济发展水平较低的省份往往有可能急于求成，只重速度，不重质量。

第五，经济增长质量是一个增量概念，与经济发展阶段没有关系，因此，经济发展处于较低阶段的地区也有可能获得较高的经济增长质量，而经济发展处于较高阶段的地区也有可能获得较低的经济增长质量。

第六，经济增长质量受经济增长水平和经济增长结构改善程度的影响，即经济增长水平和经济增长结构改善程度越高，越有利于提高经济增长质量。具体而言，城镇化率的提高、产业结构高级化程度的提升、产业结构与当地资源禀赋耦合程度的提高，都有助于经济增长质量的改善。而过度依赖投资，将会有损经济增长质量。当经济增长水平越高时，越需要注意初次分配的公平问题，因为此时劳动报酬占比的提高将有助于改善经济增长质量。

第二节 政策建议

（一）转变执政理念，从"以 GDP 为中心"到"以人的发展为中心"

社会处于生存型阶段时，主要任务就是进行经济建设，丰富物质产品的供给，以满足人们的生存需求。此时，由于直观性和便利性，GDP 基本上成了这一时期衡量经济发展的重要指标，并且与各级地方政府的政绩考核紧密结合。这种执政理念极大调动了地方经济建设的热情，解决了生存型阶段的主要矛盾。

然而，这种"以 GDP 为中心"的执政理念，形成了过度依赖要素投入的粗放式的经济发展模式，造成了经济结构失衡、收入分配不均、环境污染、发展不平衡等诸多问题。当社会的物质财富积累到一定程度，人们已不再为生存担忧时，上述问题便逐渐成了人们关注的焦点。这正是当前经济增长质量越来越受到各界重视的根本原因。

在本书的分析框架中，提高经济增长质量，最终目标就是实现可行能力的扩展，而可行能力体现的本质是"以人的发展为核心"的理念。政府的执政理念，会渗透到政府政策的制定、执行等各个方面，从而深入影响整个社会的经济发展状况。因此，要提高经济增长质量，首先必须转变执政理念，从"以 GDP 为中心"到"以人的发展为中心"。这就要求摒弃以

GDP 为主的政绩考核标准，建立新的以人的发展为主的政绩考核标准。

（二）建立以经济增长质量为核心的经济状况监测系统

经济增长的最终目的是实现发展，而发展就是人们有理由珍视的自由的扩展，即可行能力的提升，这可以说是经济增长的长期目标。但是，这种目标并非通常那种具有终点的目标，而是一种方向性的目标，并且其具体内容也可能会因为经济体具体的发展状况而不断进行调整。因此，我们需要在无数个短期中监控并调整经济发展的状况，以使之向着我们期望的方向发展。这就需要建立以经济增长质量为核心的经济状况监测系统，以便于我们及时发现经济增长过程中可能出现的问题。

要建立这样的监测系统，需要清楚政府的各种政策工具、经济体内部各个系统的运行机制及其与经济增长质量之间的关系，这是一个庞大而复杂的工程，并非本书可以解决的。

（三）保持一定水平经济增长的同时，注重经济结构的平衡发展

经济增长会显著提高可行能力，促进经济增长质量的提升。但是，在其他因素不变的情况下，经济增长并不能总是产生积极的发展效应，过度追求 GDP 反而会偏离发展的根本目的，并不能提升人们的可行能力和生活质量。因此，经济增长保持在适度水平最好，不能急于求成，以质量换速度，否则最终可能导致速度和质量双双下滑。

单位 GDP 对可行能力的影响，取决于经济结构。适度的投资会有利于可行能力的提升，但如果过度依赖投资，资本形

成率超过一定程度，将会损害可行能力，也就说会损害经济增长质量；产业结构与当地资源禀赋的耦合程度越高，越有利于提升经济增长质量；当人均 GDP 越高时，劳动报酬占比的提升将有助于提升经济增长质量。因此，为了提高经济增长质量，在保证一定水平的经济增长的同时，必须注意经济结构的平衡发展，比如利用投资拉动经济增长必须控制在一定程度内，当经济发展水平达到一定程度时，应适时地提高劳动报酬在初次分配中的比重。

（四）发挥比较优势的同时，注意产业结构的优化升级

产业结构与当地资源禀赋的耦合程度越高，越有利于经济增长质量的提升，这就说明政府在制定产业政策时不应偏离本地的比较优势。另外，产业结构越高级，越有利于经济增长质量的提升。因此，比较好的政策应当是在发挥本地比较优势的同时，注意劳动力人力资本水平的积累，推动技术进步，逐步改变本地的资源禀赋结构，并在此基础上实现产业结构的优化升级。

（五）提高居民收入，改善收入分配

居民收入，从微观个体来讲，它是实现可行能力提高的重要手段；从整个社会层面而言，它则是经济增长目标的重要组成部分。因此，提高经济增长质量，必然离不开居民收入的提高。另外，社会的收入分配状况会影响人们的可行能力，进而影响经济增长质量，尤其是当经济增长水平较高的时候，收入分配的作用会愈发显著，因此，在提高居民收入的同时，必须改善收入分配状况。

（六）重视教育

教育是人们提高可行能力的重要方式，并且教育具有显著的外部性，可以改善人们所处环境的社会条件；另外，教育有利于提高整个社会的人力资本积累，促进产业结构的高级化。因此，在经济增长的过程中，政府应该重视教育方面的投入，提高人们的受教育水平。

（七）加大民生方面财政支出水平，完善社会保障体系，提高相应的管理水平

政府的财政支出是将经济增长创造的资源分配到有利于人们发展部门的重要渠道。加大医疗卫生、社会保障、教育等方面的财政支出水平，有利于提升人们的可行能力，但是同时需要提高政府的管理水平，否则，不合理的制度安排可能会减弱甚至损害这些财政支出本应带来的正面影响。

第三节　研究不足及研究展望

本书将经济增长质量定义为经济增长过程中可行能力的提升，因此可行能力的度量便是经济增长质量测量的基础。对于可行能力具体应包含哪些维度，国内外专家并没有形成共识。本书试图尽可能全面地从多个维度考察可行能力，但受数据所限，实证部分中对可行能力的刻画以及相关变量的选取还有待完善。

当从微观视角扩展到宏观视角时，如果能够从微观个体的

可行能力，遵循一定的正义原则，加总成整个地区的可行能力，这对于从宏观视角研究经济增长质量来说是更理想的路径，然而由于数据所限，目前无法这样进行。

另外，关于经济发展模式如何影响可行能力，如何构成经济增长质量的组成部分，本书讨论的仅仅是其中较少的一部分，因此需要在以后的研究中深入讨论它们的作用机制，需要关注更多的可能的影响因素。

上述这三点是本书研究的主要不足之处，但同时也是以后研究的重点改进之处。

本书对经济增长质量的研究，仅仅是一种初步的探讨。但是以发展界定经济增长质量，将其作为经济增长和发展之间的桥梁，这种视角是本书区别于其他经济增长质量研究的最主要的地方，也是本书最主要的创新之处。我国目前已经成功跨越贫困陷阱，进入中等收入国家行列，在新的阶段，可能会面临新的问题和新的挑战，比如中等收入陷阱。如果说跨越贫困陷阱主要是经济增长的问题，那么跨越中等收入陷阱就不仅仅是经济增长的问题，而是发展的问题（叶初升、闫斌，2014）。因此，本书研究经济增长质量的视角，对于进一步研究如何跨越中等收入陷阱也具有重要意义。这就需要建立一个更加完善的经济增长质量分析框架，这包括划分最终目标、中间目标，讨论经济体内部各个系统的运行机制及其与经济增长质量的关系，以及研究政府可用的政策工具与上述各个因素间的关系等。

参考文献

[1] Alkire, S. , "The Missing Dimensions of Poverty Data: Intro-
duction to the Special Issue", *Oxford Development Studies* 35
(4), 2007.

[2] Anand, P. , Krishnakumar, J. , Tran, N. B. , "Measuring
Welfare: Latent Variable Models for Happiness and Capabili-
ties in the Presence of Unobservable Heterogeneity", *Journal
of Public Economics* 95 (3), 2011.

[3] Anand, S. , Ravallion, M. , "Human Development in Poor Coun-
tries: On the Role of Private Incomes and Public Services", *The
Journal of Economic Perspectives* 1993.

[4] Baldacci, E. , Clements, B. , Gupta, S. , Cui, Q. , "Social
Spending, Human Capital, and Growth in Developing Coun-
tries", *World Development* 36 (8), 2008.

[5] Bardhan, P. , "Institutions Matter, but Which Ones?", *Eco-
nomics of Transition* 13 (3), 2005.

[6] Barro, R. J. , "Quantity and Quality of Economic Growth",

Banco Central de Chile, 2002.

[7] Becker, G. S. , Philipson, T. J. , Soares, R. R. , "The Quantity and Quality of Life and the Evolution of World Inequality", *The American Economic Review* 95 (1), 2005.

[8] Binder, M. , Coad, A. , "Disentangling the Circularity in Sen'S Capability Approach: An Analysis of the Co – Evolution of Functioning Achievement and Resources", *Social Indicators Research* 103 (3), 2011.

[9] Bollen, K. A. , Stine, R. A. , "Bootstrapping Goodness – of – Fit Measures in Structural Equation Models", *Sociological Methods & Research* 21 (2), 1992.

[10] Canning, D. , "Progress in Health Around the World", *The Journal of Development Studies* 48 (12), 2012.

[11] Chen, E. K. , "The Total Factor Productivity Debate: Determinants of Economic Growth in East Asia", *Asian – Pacific Economic Literature* 11 (1), 1997.

[12] Cypher, J. M. , Dietz, J. L. , *The Process of Economic Development* (Routledge, 2008).

[13] Daron, A. , Simon, J. , "Disease and Development: The Effect of Life Expectancy on Economic Growth", *Journal of Political Economy* 115 (6), 2007.

[14] De Muro, P. , Tridico, P. , "The Role of Institutions for Human Development", 2008.

[15] Doyal, L. , Gough, I. , *A Theory of Human Need* (New York: Palgrave Macmillan, 1991).

[16] Fleurbaey, M. , "Beyond GDP: The Quest for a Measure of Social Welfare", *Journal of Economic Literature*, 2009.

[17] Frey, B. S. , Stutzer, A. , *Happiness and Economics: How the Economy and Institutions Affect Human Well – Being* (Princeton: Princeton University Press, 2002).

[18] Gray, M. , Lobao, L. , Martin, R. , "Making Space for Well – Being", *Cambridge Journal of Regions, Economy and Society* 5 (1), 2012.

[19] Hatton, T. J. , Bray, B. E. , "Long Run Trends in the Heights of European Men, 19Th ~ 20Th Centuries", *Economics & Human Biology* 8 (3), 2010.

[20] Iso, B. , "9000: 2005 Quality Management Systems. Fundamentals and Vocabulary", *British Standards Institution*, 2005.

[21] Kakwani, N. , "Performance in Living Standards: An International Comparison", *Journal of Development Economics* 41 (2), 1993.

[22] Krishnakumar, J. , "Going Beyond Functionings to Capabilities: An Econometric Model to Explain and Estimate Capabilities", *Journal of Human Development* 8 (1), 2007.

[23] Krishnakumar, J. , Ballon, P. , "Estimating Basic Capabilities: A Structural Equation Model Applied to Bolivia", *World Development* 36 (6), 2008.

[24] Krishnakumar, J. , Nagar, A. L. , "On Exact Statistical Properties of Multidimensional Indices Based On Principal Components, Factor Analysis, MIMIC and Structural Equa-

tion Models", *Social Indicators Research* 86 (3), 2008.

[25] Kuklys, W. , *Amartya Sen's Capability Approach*: *Theoretical Insights and Empirical Applications* (Springer Science & Business Media, 2005).

[26] Kuklys, W. , Robeyns, I. , *Sen's Capability Approach to Welfare Economics* (Springer Berlin Heidelberg, 2005).

[27] Lai, D. , "Principal Component Analysis On Human Development Indicators of China", *Social Indicators Research* 61 (3), 2003.

[28] Lazim, M. A. , Osman, M. T. A. , "A New Malaysian Quality of Life Index Based On Fuzzy Sets and Hierarchical Needs", *Social Indicators Research* 94 (3), 2009.

[29] Myrdal, G. , "What is Development?", *Journal of Economic Issues*, 1974.

[30] Ng, Y. , "From Preference to Happiness: Towards a More Complete Welfare Economics", *Social Choice and Welfare* 20 (2), 2003.

[31] Nussbaum, M. , "Capabilities as Fundamental Entitlements: Sen and Social Justice", *Feminist Economics* 9 (2), 2003.

[32] Perkins, D. H. , Radelet, S. , Lindauer, D. L. , Block, S. A. , *Economics of Development* (W. W. Norton & Company, 2012).

[33] Perrons, D. , "Regional Performance and Inequality: Linking Economic and Social Development through a Capabilities Approach", *Cambridge Journal of Regions*, *Economy and Socie-*

ty 5（1），2012.

[34] Prados De La Escosura, L., "World Human Development: 1870 ~ 2007", *Review of Income and Wealth*, 2014.

[35] Qizilbash, M., *Poverty, Concept and Measurement*（Sustainable Development Policy Institute Islamabad, 1998）.

[36] Ranis, G., *Human Development and Economic Growth*（Economic Growth Center, Yale University, 2004）.

[37] Ranis, G., Stewart, F., "Strategies for Success in Human Development", *Journal of Human Development* 1（1），2000.

[38] Ranis, G., Stewart, F., "Dynamic Links Between the Economy and Human Development", 2005.

[39] Ranis, G., Stewart, F., "Success and Failure in Human Development, 1970 ~ 2007", *Journal of Human Development and Capabilities* 13（2），2012.

[40] Ranis, G., Stewart, F., Ramirez, A., "Economic Growth and Human Development", *World Development* 28（2），2000.

[41] Robeyns, I., *The Capability Approach*,（The Stanford Encyclopedia of Philosophy, ed. 2011）.

[42] Rossouw, S., Naudé, W., "The Non – Economic Quality of Life On a Sub – National Level in South Africa", *Social Indicators Research* 86（3），2008.

[43] Sen, A., "Public Action and the Quality of Life in Developing Countries", *Oxford Bulletin of Economics and Statistics* 43（4），1981.

[44] Sen, A., "Well – Being, Agency and Freedom: The Dewey Lec-

tures 1984", *The Journal of Philosophy*, 1985.

[45] Sen, A., *The Standard of Living* (Cambridge: Cambridge University Press, 1987).

[46] Sen, A., "Freedom of Choice: Concept and Content", *European Economic Review* 32 (2), 1988.

[47] Sen, A., "Capability and Well – Being", *The Quality of Life* 1 (9), 1993.

[48] Sen, A., *Development as Freedom* (Oxford University Press, 1999a).

[49] Sen, A., "Commodities and Capabilities", *OUP Catalogue*, 1999b.

[50] Sen, A., "Capabilities, Lists, and Public Reason: Continuing the Conversation", *Feminist Economics* 10 (3), 2004.

[51] Stiglitz, J., Sen, A., Fitoussi, J., "The Measurement of Economic Performance and Social Progress Revisited", *Commission on the Measurement of Economic Performance and Social Progress*, 2009.

[52] Suri, T., Boozer, M. A., Ranis, G., Stewart, F., "Paths to Success: The Relationship Between Human Development and Economic Growth", *World Development* 39 (4), 2011.

[53] Thomas, V., *The Quality of Growth* (World Bank Publications, 2000).

[54] Tridico, P., *Institutions, Human Development and Economic Growth in Transition Economies* (Palgrave Macmillan Basingstoke, 2011).

[55] Veenhoven, R., Jonkers, T., *Conditions of Happiness*

（Dordrecht：Kluwer Academic Press，1984）．

[56] Wilkinson，R. G.，Pickett，K. E.，"Income Inequality and Social Dysfunction"，*Annual Review of Sociology* 35，2009.

[57] 卡马耶夫：《经济增长的速度和质量》，湖北人民出版社，1983。

[58] 阿马蒂亚·森：《以自由看待发展》，中国人民大学出版社，2013。

[59] 阿马蒂亚·森、让·德雷兹：《印度：经济发展与社会机会》，社会科学文献出版社，2006。

[60] 白俊红、王林东：《创新驱动是否促进了经济增长质量的提升?》，《科学学研究》2016 年第 11 期。

[61] 钞小静、惠康：《中国经济增长质量的测度》，《数量经济技术经济研究》2009 年第 6 期。

[62] 钞小静、任保平：《中国经济增长质量的时序变化与地区差异分析》，《经济研究》2011a 年第 4 期。

[63] 钞小静、任保平：《中国经济增长结构与经济增长质量的实证分析》，《当代经济科学》2011b 年第 6 期。

[64] 钞小静、任保平：《资源环境约束下的中国经济增长质量研究》，《中国人口·资源与环境》2012 年第 4 期。

[65] 钞小静、任保平：《城乡收入差距与中国经济增长质量》，《财贸研究》2014 年第 5 期。

[66] 钞小静、任保平、许璐：《中国经济增长质量的地区差异研究——基于半参数个体时间异质模型的检验》，《江西财经大学学报》2016 年第 1 期。

[67] 陈长江、高波：《新兴发展中国家中 Tfp 指标的适用性分

析——基于模型的证明》,《世界经济研究》2010 年第 2 期。

[68] 程承坪、陈志:《经济增长数量与质量的耦合分析——基于湖北省 2003～2013 年统计数据的实证研究》,《宏观质量研究》2016 年第 2 期。

[69] 程虹、李丹丹:《一个关于宏观经济增长质量的一般理论——基于微观产品质量的解释》,《武汉大学学报(哲学社会科学版)》2014 年第 3 期。

[70] 范金、姜卫民、刘瑞翔:《增加值率能否反映经济增长质量?》,《数量经济技术经济研究》2017 年第 2 期。

[71] 范金、袁小慧、张晓兰:《提升中国地区经济增长质量的主要问题及其路径研究——以长三角地区为例》,《南京社会科学》2017 年第 10 期。

[72] 方迎风、童光荣:《经济增长质量的衡量标准:福利还是效率?》,《宏观质量研究》2014 年第 3 期。

[73] 干春晖、郑若谷、余典范:《中国产业结构变迁对经济增长和波动的影响》,《经济研究》2011 年第 5 期。

[74] 高艳红、陈德敏、张瑞:《再生资源产业替代如何影响经济增长质量?——中国省域经济视角的实证检验》,《经济科学》2015 年第 1 期。

[75] 郭庆旺、贾俊雪:《中国全要素生产率的估算:1979～2004》,《经济研究》2005 年第 6 期。

[76] 郝颖、辛清泉、刘星:《地区差异、企业投资与经济增长质量》,《经济研究》2014 年第 3 期。

[77] 何强:《要素禀赋、内在约束与中国经济增长质量》,

《统计研究》2014年第1期。

[78] 何兴邦：《环境规制与中国经济增长质量——基于省际面板数据的实证分析》，《当代经济科学》2018年第2期。

[79] 侯杰泰、温忠麟、成子娟：《结构方程模型及其应用》，教育科学出版社，2004。

[80] 黄宝敏：《能源效率、环境约束与我国经济增长质量研究》，博士学位论文，吉林大学，2015。

[81] 黄清煌、高明：《环境规制对经济增长的数量和质量效应——基于联立方程的检验》，《经济学家》2016年第4期。

[82] 黄志基、贺灿飞：《制造业创新投入与中国城市经济增长质量研究》，《中国软科学》2013年第3期。

[83] 贾康：《"十三五"时期的供给侧改革》，《国家行政学院学报》2015年第6期。

[84] 姜琪：《政府质量、文化资本与地区经济发展——基于数量和质量双重视角的考察》，《经济评论》2016年第2期。

[85] 劳伦·范德蒙森、艾伦·沃克：《社会质量研究的比较视角》，《社会质量研究：理论、方法与经验》，社会科学文献出版社，2011。

[86] 李稻葵、刘霖林、王红领：《GDP中劳动份额演变的U型规律》，《经济研究》2009年第1期。

[87] 李萍、冯梦黎：《利率市场化对我国经济增长质量的影响：一个新的解释思路》，《经济评论》2016年第2期。

[88] 李平、付一夫、张艳芳：《生产性服务业能成为中国经济高质量增长新动能吗》，《中国工业经济》2017年第12期。

[89] 李强、高楠：《资源禀赋、制度质量与经济增长质量》，《广东财经大学学报》2017年第1期。

[90] 李胭胭、鲁丰先：《河南省经济增长质量的时空格局》，《经济地理》2016年第3期。

[91] 李永友：《基于江苏个案的经济发展质量实证研究——兼与浙江、上海的比较分析》，《中国工业经济》2008年第6期。

[92] 林春、孙英杰：《财政分权背景下的经济增长质量地区差异——基于系统Gmm及门槛效应的检验》，《财经论丛》2017年第12期。

[93] 刘海英、张纯洪：《中国经济增长质量提高和规模扩张的非一致性实证研究》，《经济科学》2006年第2期。

[94] 刘文革、周文召、仲深、李峰：《金融发展中的政府干预、资本化进程与经济增长质量》，《经济学家》2014年第3期。

[95] 刘燕妮、安立仁、金田林：《经济结构失衡背景下的中国经济增长质量》，《数量经济技术经济研究》2014年第2期。

[96] 刘有章、刘潇潇、向晓祥：《基于循环经济理念的经济增长质量研究》，《统计与决策》2011年第4期。

[97] 刘宇：《收入差距与经济增长：速度与质量——对国外文献的比较与评论》，《经济评论》2008年第6期。

[98] 刘元春:《"新常态"需除"旧教条"》,《光明日报》2014年6月23日,第11版。

[99] 马轶群、史安娜:《金融发展对中国经济增长质量的影响研究——基于 Var 模型的实证分析》,《国际金融研究》2012年第11期。

[100] 毛其淋:《二重经济开放与中国经济增长质量的演进》,《经济科学》2012年第2期。

[101] 彭越:《中国与印度经济增长质量的比较研究》,博士学位论文,吉林大学,2016。

[102] 任保平:《经济增长质量:经济增长理论框架的扩展》,《经济学动态》2013年第11期。

[103] 任保平、钞小静、魏婕:《中国经济增长质量报告(2012)——中国经济增长质量指数及省区排名》,中国经济出版社,2012。

[104] 任保平、钞小静、魏婕:《中国经济增长质量报告(2013)——结构失衡背景下的中国经济增长质量》,中国经济出版社,2013。

[105] 任保平、钞小静、魏婕:《中国经济增长质量报告(2014)——创新驱动背景下的中国经济增长质量》,中国经济出版社,2014。

[106] 任保平、钞小静、魏婕:《中国经济增长质量报告(2015)——中国产业与行业发展质量评价》,中国经济出版社,2015。

[107] 任保平、田丰华:《我国地方经济增长质量评价及其战略选择》,《天津社会科学》2016年第4期。

[108] 任保平、魏语谦：《中国地方经济增长向质量型转换的绩效测度与路径选择》，《西北大学学报（哲学社会科学版）》2017年第2期。

[109] 沈坤荣、傅元海：《外资技术转移与内资经济增长质量——基于中国区域面板数据的检验》，《中国工业经济》2010年第11期。

[110] 沈利生：《中国经济增长质量与增加值率变动分析》，《吉林大学社会科学学报》2009年第3期。

[111] 沈利生、王恒：《增加值率下降意味着什么》，《经济研究》2006年第3期。

[112] 石涛、张磊：《劳动报酬占比变动的产业结构调整效应分析》，《中国工业经济》2012年第8期。

[113] 宋文月、任保平：《中国经济增长数量与质量互动机制研究：1996~2016》，《财经问题研究》2018年第7期。

[114] 随洪光：《外商直接投资与中国经济增长质量提升——基于省际动态面板模型的经验分析》，《世界经济研究》2013a年第7期。

[115] 随洪光：《外资引入、贸易扩张与中国经济增长质量提升——基于省际动态面板模型的经验分析》，《财贸经济》2013b年第9期。

[116] 随洪光、段鹏飞、高慧伟、周瑾：《金融中介与经济增长质量——基于中国省级样本的经验研究》，《经济评论》2017年第5期。

[117] 随洪光、刘廷华：《FDI是否提升了发展中东道国的经济增长质量——来自亚太、非洲和拉美地区的经验证

据》，《数量经济技术经济研究》2014 年第 11 期。

[118] 随洪光、余李、段鹏飞：《外商直接投资、汇率甄别与经济增长质量——基于中国省级样本的经验分析》，《经济科学》2017 年第 2 期。

[119] 田俊荣、吴秋余：《新常态，新在哪?》，《人民日报》2014 年 8 月 4 日，第 17 版。

[120] 托马斯：《增长的质量》，中国财政经济出版社，2001。

[121] 汪红驹：《防止中美两种"新常态"经济周期错配深度恶化》，《经济学动态》2014 年第 7 期。

[122] 王少平、欧阳志刚：《中国城乡收入差距对实际经济增长的阈值效应》，《中国社会科学》2008 年第 2 期。

[123] 王志刚、龚六堂、陈玉宇：《地区间生产效率与全要素生产率增长率分解（1978~2003)》，《中国社会科学》2006 年第 2 期。

[124] 魏婕、任保平：《改革开放 30 年人的发展：评价与反思》，《中国人口·资源与环境》2011 年第 8 期。

[125] 魏婕、任保平：《中国各地区经济增长质量指数的测度及其排序》，《经济学动态》2012 年第 4 期。

[126] 魏婕、许璐、任保平：《财政偏向激励、地方政府行为和经济增长质量》，《经济科学》2016 年第 3 期。

[127] 文建东、李慧、石韵珞：《经济增长质量的测度与分析——以县域经济为例》，《湖北社会科学》2012 年第 7 期。

[128] 吴明隆：《结构方程模型——Amos 的操作与应用》，重庆大学出版社，2010。

[129] 习近平:《决胜全面建成小康社会 夺取新时代中国特色社会主义伟大胜利》,《人民日报》2017 年 10 月 28 日,第 1 版。

[130] 许恒周、吴冠岑、郭玉燕:《耕地非农化与中国经济增长质量的库兹涅茨曲线假说及验证——基于空间计量经济模型的实证分析》,《中国土地科学》2014 年第 1 期。

[131] 颜双波:《基于熵值法的区域经济增长质量评价》,《统计与决策》2017 年第 21 期。

[132] 叶初升:《发展经济学视野中的经济增长质量》,《天津社会科学》2014 年第 2 期。

[133] 叶初升、李慧:《以发展看经济增长质量:概念、测度方法与实证分析——一种发展经济学的微观视角》,《经济理论与经济管理》2014 年第 12 期。

[134] 叶初升、闫斌:《经济新常态呼唤发展经济学的新发展》,《光明日报》2014 年 12 月 17 日,第 15 版。

[135] 殷德生、范剑勇:《中国宏观经济增长质量的研究进展——理论综述与政策含义》,《宏观质量研究》2013 年第 3 期。

[136] 于敏、王小林:《中国经济的包容性增长:测量与评价》,《经济评论》2012 年第 3 期。

[137] 詹新宇、崔培培:《中国省际经济增长质量的测度与评价——基于"五大发展理念"的实证分析》,《财政研究》2016a 年第 8 期。

[138] 詹新宇、崔培培:《中央对地方转移支付的经济增长质量效应研究——基于省际面板数据的系统 GMM 估计》,

《经济学家》2016b 年第 12 期。

[139] 詹新宇、王素丽：《财政支出结构的经济增长质量效应研究——基于"五大发展理念"的视角》，《当代财经》2017 年第 4 期。

[140] 张德亮等：《中国经济增长质量与减贫》，中国财政经济出版社，2013。

[141] 张倩、邓明：《财政分权与中国地区经济增长质量》，《宏观质量研究》2017 年第 3 期。

[142] 赵可、张炳信、张安录：《经济增长质量影响城市用地扩张的机理与实证》，《中国人口·资源与环境》2014 年第 10 期。

[143] 赵英才、张纯洪、刘海英：《转轨以来中国经济增长质量的综合评价研究》，《吉林大学社会科学学报》2006 年第 3 期。

[144] 郑玉歆：《全要素生产率的再认识——用 Tfp 分析经济增长质量存在的若干局限》，《数量经济技术经济研究》2007 年第 9 期。

[145] 钟经文：《论中国经济发展新常态》，《经济日报》2014 年 7 月 28 日。

致　谢

　　从本科到博士，在珞珈山下待了九年，度过了人生最美好的几年，有快乐、有悲伤、有希望、有彷徨。尽管已毕业，离开了这个曾经魂牵梦绕的地方，但多少次梦中还是会回到这里。

　　第一次，带着满满的憧憬随着校车径直到了梅园操场，然后跟着迎新的学长，拎着大包小包的行李，穿过"情人坡"，爬上让人望而生畏的九十多级台阶，来到了"老旧"的樱园宿舍。老式的上下铺、老式的木窗、老式的方桌方凳以及仅容一人侧身通过的狭窄空间，与电视剧里看到的和想象中的大学宿舍似乎相差甚远，多少有些失望。情人坡浓密的树木、樱园老旧的宿舍，就是我对武大的第一印象。然而，时间久了，才慢慢体味到武大难以抗拒的独特魅力。春天浪漫的樱花、夏天参天的梧桐、秋日金黄的银杏、冬日水墨般的珞珈山……坐在樱园的宿舍里，四季美景更替尽收眼底。闲来登上樱顶，老斋舍、老图、樱顶大学生活动中心、理学院、行政楼等古朴典雅的建筑一览无余，掩映在郁郁葱葱层层叠叠的林海中，无时无刻不在诉说着武大的情怀，让每一个人都会不知不觉地爱上她。和隔壁宿舍一起通宵裹着棉袄在樱园的天井里等着看流星雨、和室友一起搬着板凳到樱顶看话剧……这里有着太多的青春回忆。本科、硕士的毕业季，告别的仅仅是昔日朝夕相处的朋友和同学，而博士毕业，真的是和生活了九年的校园说再见。

现在回忆起来，最痛苦的时间依然是博士论文写作期间，但这也是收获最多的阶段。曾经由于自己的问题多次改选题，彻夜难以入眠，甚至梦中都是论文；不敢面对同学，不敢面对师长，甚至一度情绪失控对父母歇斯底里，似乎到了崩溃的边缘。还是在导师、家人、同学的鼓励与支持下，最终坚持下来，如期毕业。现在想来，依然心有余悸。然而痛并快乐着，那时的生活简单而纯粹，心无旁骛，只有毕业论文一个目标，工作之后却很难再如此专注，所以有时甚至会想再"回炉重造"。

从硕士到博士再到毕业工作，跟随恩师叶初升教授已经多年，我能够深刻地感受到，他对待我们就像对待孩子一样，虽然严厉，却真心地希望我们好，无论是做论文还是做人。从论文的选题、写作、修改，到最后的发表，如果没有叶老师的指导，我不可能如期完成；从日常生活到毕业找工作，没有叶老师的指点和帮助，我也不可能如此顺利；甚至毕业之后，在我彷徨和迷茫时，依然会得到叶老师的点拨和帮助。衷心感谢叶老师对我的悉心指导和谆谆教诲。

感谢郭熙保老师、马颖老师、文建东老师、王今朝老师以及其他经济系的老师们，从本科到博士，正是他们的指导和帮助让我在学术方面不断进步；感谢我的父母，从始至终支持我，并且在我最痛苦、不知所措而无理取闹时，能够包容我、鼓励我；感谢亲爱的室友以及办公室的同伴们，在我迷茫和焦虑时，能够听我诉说，给予我安慰；感谢我的同门师兄妹们，在我论文遇到困难时，给予我无私的帮助；感谢我的朋友们，无论是痛苦还是快乐的时候，都陪伴着我；最后，感谢武大，让我有幸遇到这样的老师、这样的朋友，有了如此难忘而美好的校园生活。

李 慧

2019 年 7 月

图书在版编目(CIP)数据

中国经济增长质量测度与实证／李慧著. -- 北京：
社会科学文献出版社，2019.11
ISBN 978 - 7 - 5201 - 5606 - 6

Ⅰ.①中…　Ⅱ.①李…　Ⅲ.①中国经济 - 经济增长质
量 - 研究　Ⅳ.①F124

中国版本图书馆 CIP 数据核字(2019)第 210528 号

中国经济增长质量测度与实证

著　　者／李　慧

出 版 人／谢寿光
责任编辑／高　雁
文稿编辑／梁　雁

出　　版／社会科学文献出版社·经济与管理分社　(010)59367226
　　　　　地址：北京市北三环中路甲29号院华龙大厦　邮编：100029
　　　　　网址：www.ssap.com.cn
发　　行／市场营销中心　(010)59367081　59367083
印　　装／三河市尚艺印装有限公司

规　　格／开本：787mm×1092mm　1/16
　　　　　印张：14.25　字数：161千字
版　　次／2019年11月第1版　2019年11月第1次印刷
书　　号／ISBN 978 - 7 - 5201 - 5606 - 6
定　　价／128.00元

本书如有印装质量问题，请与读者服务中心(010 - 59367028)联系